ERNESTO LOH

# Die Haftung im Postbetrieb

Schriften zum Öffentlichen Recht

Band 195

# Die Haftung im Postbetrieb

Eine systematische Untersuchung zur Haftungsregelung des PostG

Von

Dr. Ernesto Loh

DUNCKER & HUMBLOT / BERLIN

Gedruckt mit Unterstützung des Bundesministers
für das Post- und Fernmeldewesen

Alle Rechte vorbehalten
© 1972 Duncker & Humblot, Berlin 41
Gedruckt 1972 bei Buchdruckerei Richard Schröter, Berlin 61
Printed in Germany
ISBN 3 428 02774 4

*Meiner Mutter*

# Vorwort

Die vorliegende Schrift ist die leicht überarbeitete Fassung meiner Dissertation, die im Sommersemester 1972 dem Fachbereich Rechtswissenschaft der Universität Hamburg vorgelegen hat.

Die Arbeit wurde von meinem hochverehrten Lehrer, Herrn Prof. Dr. Karl August Bettermann, angeregt. Er war nachhaltig um ihren Fortgang besorgt und hat sie mit vielfältigen Hinweisen und eingehender Kritik gefördert. Dafür schulde ich ihm aufrichtigen Dank. Für wertvolle weiterführende Anregungen bin ich dem Zweitreferenten, Herrn Prof. Dr. Albrecht Zeuner, zu besonderem Dank verbunden. Herrn Ministerialrat a. D. Dr. Johannes Broermann danke ich für die Aufnahme der Arbeit in die Reihe der „Schriften zum öffentlichen Recht".

Hamburg, im Juli 1972

Ernesto Loh

## Inhaltsverzeichnis

§ 1 Ziel und Methode der Arbeit ..................................... 13

### 1. TEIL

#### Rechtsgrundlagen 17

§ 2 Die Rechtslage vor dem Inkrafttreten des PostG ................ 17
    I. Das Postgesetz von 1871 ..................................... 17
    II. Die weitere Entwicklung ..................................... 17
        1. Das Wechselprotestgesetz von 1908 ...................... 18
        2. Das Postscheckgesetz von 1914 .......................... 18
        3. Gesetzesvertretende Verordnungen ...................... 18
    III. Die Fortbildung des Posthaftungsrechts durch den Bundesgerichtshof ..................................................... 19

§ 3 Die Haftungsnormen des PostG ................................ 20
    I. Originäre Haftungsnormen ................................... 21
    II. Verweisungsnormen ......................................... 21
        1. Amtshaftung ............................................ 21
            a) Amtshaftung als Dienstherrnhaftung .................. 21
            b) Tragweite der Verweisung ........................... 22
        2. Schuldnerhaftung ....................................... 23
            a) Rechtspolitischer Anlaß .............................. 23
            b) Tragweite der Verweisung ........................... 25
        3. Gefährdungshaftung .................................... 25

### 2. TEIL

#### Prinzipien des Posthaftungsrechts 27

§ 4 Grundlegung ................................................... 27
    I. Gegenstand der Haftung ..................................... 27
        1. Das Integritätsinteresse des Postbenutzers ............... 27
        2. Die Haftung für die Erfüllung von Zusatzpflichten ........ 28
    II. Formen der Haftung ......................................... 29
        1. Gewährung von Schadensersatz .......................... 29
        2. Garantie von Erfüllungsansprüchen ...................... 29
    III. Die Restriktionstendenz des Posthaftungsrechts ............... 31

## Inhaltsverzeichnis

§ 5 *Der Schutz des Integritätsinteresses im Sachverkehr* .............. 32

    I. Fälle der Sachgutbeeinträchtigung ......................... 32
        1. Haftung für Pakete ...................................... 32
        2. Die Haftung für Wertsendungen ......................... 33
        3. Haftung für Reisegepäck und Kraftpostgut ............... 34
        4. Haftung für eingeschriebene Briefsendungen ............. 35
    II. Einschränkungen des Haftungsprinzips im Sachverkehr ........ 36
        1. Keine Haftung für Briefsendungen und Postgut ........... 36
            a) Haftungsausschluß bei Briefsendungen ................. 36
            b) Haftungsausschluß bei Postgut ....................... 37
            c) Haftungsausschluß bei Postzeitungsgut ................ 38
        2. Legitimation des Haftungsausschlusses ................... 38

§ 6 *Haftungsvoraussetzungen im Sachverkehr* ...................... 39

    I. Verlust .................................................. 40
        1. Legaldefinition ......................................... 40
        2. Abgrenzungsfragen .................................... 40
            a) Empfangslegitimation ................................ 40
            b) Täuschung über die Identität des Adressaten ........... 41
    II. Beschädigung ............................................ 42
        1. Legaldefinition ......................................... 42
        2. Sachschäden bei überlanger Laufzeit der Sendung (Verspätungsschäden) ......................................... 43
    III. Schmälerung des Sendungsinhalts („Beraubung") ............. 45
    IV. Die Bedeutung des Verschuldens ............................ 46
        1. Die Regelung des § 12 VI .............................. 46
        2. Die Rechtslage im Postreisedienst (§ 18 II) ............... 49

§ 7 *Die Ersatzleistung im Sachverkehr* ............................ 50

    I. Schadensersatz als Geldersatz ............................... 50
    II. Der ersatzfähige Schaden .................................. 51
        1. Der unmittelbare Schaden .............................. 51
        2. Schadensberechnung .................................. 53
            a) Abstrakte Schadensberechnung ...................... 54
            b) Schadensberechnung nach Fakturenwert .............. 55

§ 8 *Die Inkassohaftung bei der Nachnahmesendung* ................ 57

    I. Rechtfertigung der Haftung ................................ 57
    II. Haftungsvoraussetzungen .................................. 59
        1. Der objektive Tatbestand ............................... 59
        2. Verschuldensunabhängigkeit der Haftung ................ 59
    III. Besonderheiten der Ersatzleistung .......................... 60
        1. Die Höhe der Ersatzleistung ............................ 60
        2. Schadensersatz gegen Abtretung des Zahlungsanspruchs .... 60

Inhaltsverzeichnis

§ 9 *Der Schutz des Integritätsinteresses in den Gelddiensten* ........... 62

    I. Schutzformen ................................................. 62
       1. Haftung auf Erfüllung ................................... 62
       2. Haftung auf Schadensersatz .............................. 65
    II. Die Haftung für Auftragserfüllung .......................... 66
    III. Ausschluß von Verzugsschadensersatz ....................... 68
       1. Die grundsätzliche Regelung ............................. 68
       2. Ausnahmen ............................................. 69
          a) Die Scheinausnahme im Postspardienst ................ 69
          b) Die echte Ausnahme im Postscheckdienst .............. 70
       3. Zweifelsfragen ......................................... 70
    IV. Rechtsfolgen unberechtigter Verfügungen durch die Post ...... 71
       1. Geldübermittlungsdienst ................................ 71
       2. Postscheckdienst ....................................... 72
       3. Postsparkassendienst ................................... 73
       4. Umfang der Haftung ................................... 75

§ 10 *Der Schutz des Integritätsinteresses im Postreisedienst* .......... 75

    I. Schutzobjekt der Haftung ................................... 76
    II. Haftungsumfang ............................................ 76
       1. Einstandsbereich ....................................... 76
       2. Umfang des Schadensersatzes ........................... 77

§ 11 *Die Haftung im Postauftragsdienst* ............................... 78

    I. Abgrenzung der im Postauftragsdienst zu erfüllenden Pflichten 78
    II. Erscheinungsformen ........................................ 79
       1. Förmliche Zustellung ................................... 79
          a) Haftungsvoraussetzungen ............................. 80
          b) Ende der Haftung .................................... 82
       2. Postprotest ............................................ 83
          a) Der Schutz des Wechselinhabers ...................... 84
          b) Der Schutz des Wechselverpflichteten ................. 86

## 3. TEIL

### Haftungsbegrenzungen      88

§ 12 *Mitverschulden des Postbenutzers* ............................... 88

    I. Begriffliche Klärung ........................................ 88
    II. Rechtsfolgen der Schadensmitverursachung .................. 90
       1. Die Regelung im Sachverkehr ........................... 90
          a) Schadensbegünstigung durch den Absender ........... 90
             aa) vor Einlieferung der Sendung ................... 90
             bb) nach Beendigung der Beförderung ............... 91
          b) Verletzung der Rügepflicht durch den Adressaten ....... 92

         2. Die Rechtslage in den übrigen Postdiensten ............... 93
    III. Verstoß gegen Benutzungsvorschriften ....................... 94
         1. Die Regelung im Sachverkehr .......................... 94
         2. Die Rechtslage in den übrigen Postdiensten ............... 96

§ 13 *Enumerationsprinzip und genereller Haftungsausschluß* ............ 97
    I. Überblick ................................................. 97
         1. Rechtspolitische Begründung ............................. 97
         2. Der rechtssystematische Standort ....................... 99
    II. Die Exklusivität der postgesetzlichen Haftungsregelung ........ 101
         1. Weiterreichende Anspruchsnormen ....................... 101
         2. Ihr Verhältnis zum PostG .............................. 102
         3. Die verfassungsrechtliche Zulässigkeit des Haftungsausschlusses ............................................... 103
            a) Stand der Meinungen ............................... 104
            b) Lösungsgesichtspunkte ............................. 105

§ 14 *Die objektive Reichweite des generellen Haftungsausschlusses* ...... 107
    I. Die Notwendigkeit der Eingrenzung ......................... 107
    II. Bisherige Lösungsversuche ................................... 107
         1. Haftung nur für „typische Gefahren des Postverkehrs"? .... 107
         2. Das Kriterium der typisch postalischen Pflichten ........... 108
    III. Das Kriterium der Dienstleistungspflicht ..................... 108
         1. Amtspflichten und Dienstleistungspflichten der Post ........ 108
         2. Konsequenzen der Unterscheidung ....................... 109
            a) Ersatzansprüche des Adressaten ..................... 109
            b) Verweigerung der Postbenutzung ..................... 112
            c) Fehler bei der Begründung des Benutzungsverhältnisses .. 112
            d) Die Haftung für falsche Auskunft ................... 114
            e) Verletzung des Postgeheimnisses ..................... 115
            f) Haftung wegen Verletzung der Verkehrssicherungspflicht 115

§ 15 *Die subjektive Reichweite des generellen Haftungsausschlusses* .... 117
    I. Die Haftung der Postbediensteten nach § 839 BGB ............. 118
    II. Die Haftung anderer Verkehrsträger ......................... 120
         1. Gesetzliche Regelungen ................................. 120
            a) § 10 II Sachschäden — Haftpflichtgesetz ............. 120
            b) § 52 Luftverkehrsgesetz ............................. 121
         2. Gesetzlich nicht geregelte Fälle .......................... 121
            a) Die Rechtslage im Frachtrecht ....................... 122
            b) Die Rechtslage bei der Personenbeförderung .......... 123

4. TEIL

**Zusammenfassung** 124

**Literaturverzeichnis** ................................................. 127

## § 1 Ziel und Methode der Arbeit

Seit dem 1. Januar 1972 gilt das neue Postgesetz und noch immer fehlt es an Anzeichen dafür, daß es den Neubeginn einer allgemeinen wissenschaftlichen Diskussion über das Postrecht anregen könnte. Außer einem kurzgefaßten Kommentar[1] und einigen mehr informierenden als analysierenden Aufsätzen in Spezialzeitschriften[2] zum neuen Postgesetz (PostG) gibt es bislang noch keine eingehende wissenschaftliche Darstellung des Postrechts oder eines seiner Teilgebiete. Über die augenscheinlich geringe Attraktivität dieser Materie läßt sich manches vermuten, ohne daß dabei eine plausible Erklärung zu gewinnen wäre. Immerhin ist festzustellen, daß das Postrecht als Gegenstand wissenschaftlicher Auseinandersetzung schon bessere Zeiten gekannt hat. Als es noch von der überwiegenden Ansicht als Teil des Privatrechts angesehen wurde, fand es in Ehrenbergs Handbuch des gesamten Handelsrechts eine meisterliche Darstellung durch Franz *Scholz*[3]. Dem öffentlichen Recht verpflichtet waren die Monographien von *Nawiasky*[4], *Niggl*[5] und *Hellmuth*[6]. Speziell zum Postgesetz von 1871 gab es zahlreiche Kommentare[7]. Seit der Errichtung der Deutschen Bundespost dagegen wurden die Grundfragen des Postrechts im wesentlichen nur noch in Zeitschriftenaufsätzen erörtert[8], die, von Ausnahmen abgesehen[9], zumeist im „Archiv für das Post- und Fern-

---

[1] *Kämmerer-Eidenmüller*, Post- und Fernmeldewesen (Der Wirtschaftskommentator, Teil C: Wirtschaftsrecht I C IX/6), Loseblattwerk, Frankfurt am Main 1969 ff.

[2] *Altmannsperger*, Das neue Gesetz über das Postwesen, Die Postpraxis, 1969, S. 129, 145, 161, 177; 1970, 1 ff.; *Kohl*, Die Haftungsregelung im neuen Postgesetz, Die Postpraxis, 1969, 148 ff.

[3] Das Post-, Telegraphen- und Fernsprechrecht, in: Ehrenberg, Handbuch des gesamten Handelsrechts, 5. Band, II. Abteilung, Leipzig 1915, S. 575 ff.

[4] Deutsches und österreichisches Postrecht — Der Sachverkehr, Wien 1909.

[5] Deutsches Postrecht, 2. Aufl., Berlin 1931.

[6] System des deutschen Post-, Telegraphen- und Fernsprech-Verkehrsrechts im Grundriß, Nürnberg 1929.

[7] *Aschenborn-Schneider*, 2. Aufl., Berlin 1928; *Dambach - v. Grimm*, 6. Aufl., Berlin 1901 waren die wichtigsten und einflußreichsten.

[8] Das Werk von *Schuster*, Postrechtspraxis, 3. Aufl., Goslar 1954, beschränkte sich — wie schon der Titel klarstellt — auf eine Darstellung des Postrechts für die Zwecke der praktischen Verwaltungstätigkeit; theoretische und kritische Erörterungen fehlen dementsprechend.

[9] Hervorzuheben *Lerche*, Anm. zu OVG Münster, JZ 1959, 674 ff.; Anm. zu BVerwG, JZ 1961, 708 f.; *Erichsen*, Zur Haftung der Bundespost, DÖV 1965, 158 ff.; *Kämmerer*, Die Rechtsnatur der Bundespost, DVBl. 1966, 357 ff.; 396 ff.; *Kohl*, Die Grundsätze der Posthaftung, DÖV 1968, 722 ff.

meldewesen" erschienen — einer vorzüglich edierten Zeitschrift, die aber sicher nicht die Standardlektüre des mit Verwaltungsrecht befaßten Juristen bildet. Sofern sich die Lehrbücher überhaupt des besonderen Verwaltungsrechts annehmen, gelangt die Darstellung über die Grundzüge kaum je hinaus[10]. Das ist um so erstaunlicher, als gerade das Postbenutzungsrecht, das Elemente der Anstaltsnutzung enthält, aber zum Teil schon gemeingebrauchsähnliche Züge trägt[11], sowohl der Lehre von der öffentlichen Anstalt wie der Lehre von der öffentlichen Sache kräftige Impulse geben könnte.

Die vorliegende Arbeit versucht, die Hauptprobleme der Posthaftung nach dem neuen PostG in einer zusammenfassenden Darstellung zu erörtern. Anhand der im einzelnen herauszuarbeitenden Haftungsprinzipien soll der systematische Zusammenhang der einzelnen Normen sichtbar gemacht werden, den das Gesetz dadurch eher verdeckt, daß es für jeden einzelnen Dienstzweig eine besondere Haftungsregelung enthält. Bei der Erörterung der praktischen Konsequenzen der postulierten Haftungsprinzipien wurde in erheblichem Umfang auf Rechtsprechung und Literatur zum alten Postrecht zurückgegriffen, das folglich zum Gegenstand einer kurzen Darstellung gemacht werden muß. Dieser Rückgriff, der bei der Interpretation eines neuen Gesetzes unangebracht erscheinen mag, ist dadurch gerechtfertigt, daß das Gesetz in den grundlegenden Entscheidungen zum Haftungsrecht so neu eben nicht ist, sondern an den bisherigen Rechtszustand angeknüpft hat.

Mit Bedacht wurden — zumal in den Darlegungen über die Haftung der Post im Sachverkehr, d. h. vor allem im Brief- und Paketdienst — vielfach zivilrechtliche Normen vergleichend für die Anwendung des Posthaftungsrechts fruchtbar gemacht. Das ist, auch wenn § 7[12] die öffentlich-rechtliche Natur des Postbenutzungsverhältnisses in allen seinen Phasen fixiert hat, methodisch nicht anfechtbar. Es wäre verfehlt, den Unterschied von öffentlichem und privatem Recht zur Legitimation dafür heranzuziehen, beide Rechtskreise hermetisch voneinander abzu-

---

[10] Am gründlichsten noch *E. R. Huber*, Wirtschaftsverwaltungsrecht, 2. Aufl., Tübingen 1953, Band I, S. 497 ff.; *Bochalli*, Besonderes Verwaltungsrecht, 3. Aufl., Köln 1967, S. 280 - 282, bietet nur wenig mehr als Gesetzeshinweise. In dem von *Ingo v. Münch* herausgegebenen Lehrbuch Besonderes Verwaltungsrecht, 2. Aufl., Bad Homburg v. d. H. 1970, werden Post- und Fernmelderecht übergangen.
[11] Dieser Hinweis von *Kämmerer*, DVBl. 1966, 399 mit Anm. 91 ist unbedingt vertiefenswert; dagegen ist seiner These nicht zu folgen, wegen der „institutionellen Korrelativität" von Anstalt und Anstaltsnutzung könne die Postbenutzung nicht als Anstaltsnutzung qualifiziert werden, da die Deutsche Bundespost unmittelbare Bundesverwaltung und somit keine Anstalt sei (S. 358 ff.): Das ist pure Begriffsjurisprudenz. Über die sachliche Nähe von Anstaltsnutzung und Gemeingebrauch vgl. auch *Werner Weber*, VVDStRL 21, 176 ff.
[12] §§ ohne Gesetzesangabe sind solche des PostG.

§ 1 Ziel und Methode der Arbeit

riegeln[13]. Daß solches Vorgehen nicht richtig sein kann, tritt deutlich in dem Umstand zutage, daß die Haftungsnormen des alten PostG die Mitte der dreißiger Jahre auch in der Rechtsprechung vollzogene Hinwendung zu einem öffentlich-rechtlichen Verständnis der Postbenutzung[14] ohne die geringste inhaltliche Änderung überdauert haben. Wenn sich also feststellen läßt, daß postrechtliche und zivilrechtliche Normen vergleichbare Sachverhalte zum Gegenstand haben, ist es nicht zu beanstanden, daß im Interesse einer größtmöglichen Entscheidungsharmonie die Angleichung der Rechtsanwendung angestrebt wird[15].

Es mag sein, daß die Haftungsnormen des PostG nur einen kleinen Teil der Pflichtverletzungen im Postverkehr haftungsrechtlich sanktionieren und daß der Löwenanteil der Schadensfolgen aufgrund des generellen Haftungsausschlusses in § 11 I ohne Ersatz gelassen ist. Hieraus läßt sich nicht der Vorwurf ableiten, die Arbeit befasse sich mit rechtspolitisch zweit- und drittrangigen Fragen, wenn sie versuche, ein System der postgesetzlichen Haftungsnormen zu entwickeln. Wissenschaftliche Arbeit ist vor allem systematische Arbeit. Umfang und Tragweite des Haftungsausschusses können daher nicht die Basis der Untersuchung bilden: ex nihilo nihil. Vielmehr lassen sie sich umgekehrt nur — aber auch um so leichter — bestimmen, wenn der Geltungsbereich der positiven Haftungsnormen abgesteckt ist.

Aus diesem systematischen Ansatz folgt weiter, daß nicht das gesamte Haftungsrecht im Bereich des Postwesens dargestellt werden soll, sondern die typusbildenden Besonderheiten herauszuarbeiten sind, die das Posthaftungsrecht vom allgemeinen Schadensersatzrecht abheben. Daher scheint es gerechtfertigt, Vorschriften und Probleme unerörtert zu lassen, die zwar von praktischer Wichtigkeit für die Durchsetzung von Ersatzansprüchen sind, denen aber keine die Eigenheiten der Materie kennzeichnende Kraft innewohnt. Das gilt etwa für die Verjährung der Ansprüche gegen die Post, die in § 24 eine detaillierte Regelung erfahren hat, oder für die Rückabwicklung der Ersatzleistung nach Wiederauffinden der Sendung (§ 13 II). Aber auch die Geltendmachung der An-

---

[13] Hiergegen mit Recht *Bullinger*, Öffentliches Recht und Privatrecht, Stuttgart 1968, insbes. S. 75 ff., dessen Forderung, die Zweiteilung von öffentlichem und privatem Recht zugunsten eines „differenzierten Gemeinrechts" preiszugeben (S. 81 ff.), jedoch nicht die einzige und notwendige Konsequenz darstellt.
[14] Die Wendemarken bilden die Entscheidungen RGZ 155, 333 (335) für das Fernsprechverhältnis und RGZ 161, 174 (180) für das Postscheckverhältnis.
[15] In diesem Zusammenhang darf darauf hingewiesen werden, daß sogar *Otto Mayer*, der als der eigentliche Begründer der Lehre vom öffentlich-rechtlichen Charakter der Postbenutzung übertriebener zivilistischer Meinungen sicher nicht verdächtig ist, einräumte: „In vernünftigen Grenzen hat die Betonung des Zusammenhangs mit der Begriffswelt des Zivilrechts immer ihre Nützlichkeit" (Deutsches Verwaltungsrecht I, 3. Aufl., München/Leipzig 1924, S. 101 Anm. 19).

sprüche im Prozeß darf ausgespart bleiben. Welches Gericht über die Ansprüche des Postbenutzers zu entscheiden hat, ist nunmehr durch § 26 II entschieden: nicht das Verwaltungsgericht, wie zuweilen vor Inkrafttreten des PostG angenommen wurde[16], sondern das ordentliche Gericht. Auch die Beweislastverteilung bedarf keiner zusammenfassenden Darstellung: Hier gelten die allgemeinen Grundsätze[17].

Abschließend sei noch erwähnt, daß nur die Grundfragen des *nationalen* Posthaftungsrechts dargestellt werden. Die Haftung im internationalen Postverkehr bestimmt sich entweder ohnehin nach dem deutschen PostG — nämlich im Verkehr mit Postverwaltungen, die nicht dem Weltpostverein angehören[18]; oder es gelten die in regelmäßigen Zeitabständen zwischen den Mitgliedern des Weltpostvereins geschlossenen Verträge und Abkommen[19], die nach § 27 Satz 2 den Vorrang vor den Vorschriften des PostG genießen, und zwar selbst dann, wenn der Schaden eindeutig im Bereich der Deutschen Bundespost verursacht worden ist[20]. Diese Haftung divergiert in den Voraussetzungen, in den Rechtsfolgen und in den Haftungsausschlußklauseln zum Teil so erheblich von der im PostG normierten[21], daß nur eine eigenständige Bearbeitung den Anforderungen dieser Rechtsmaterie gerecht werden könnte.

---

[16] Zuletzt HambOVG Archiv PF 1968, 338 mit insoweit kritischer Anm. *R. Schmidt;* für eine Zuständigkeit der ordentlichen Gerichte: *Menger-Erichsen,* VerwArch 57 (1966), 189.

[17] Für ihre Anwendung beispielhaft etwa die (noch zum alten Recht ergangene) Entscheidung OVG Münster NJW 1970, 214.

[18] Das ist insbesondere für den Postverkehr mit der DDR wichtig; bislang ist nur die Bundesrepublik Mitglied im Weltpostverein.

[19] Die letzte Konferenz des Weltpostvereins fand 1969 in Tokio statt. Der Weltpostvertrag sowie die einzelnen Abkommen (Postpaketabkommen etc.) vom 14. November 1969 sind durch Bundesgesetz vom 18. Mai 1971 (BGBl. II S. 245 ff.) übernommen.

[20] Das wirkt sich häufig in der Höhe des Ersatzanspruchs aus, da die Schadensberechnung im internationalen Posthaftungsrecht nach anderen Grundsätzen erfolgt als im nationalen.

[21] Vgl. dazu die umfassende, immer noch maßgebliche Darstellung bei *Kämmerer,* Die Haftung des Staates im Weltpostverkehr, Jahrbuch des Postwesens VIII (1958), 93 ff. (lediglich die Ausführungen auf S. 116 f. bedürfen wegen Art. 39 § 6 des Postpaketabkommens von Tokio der Einschränkung).

*Erster Teil*

# Rechtsgrundlagen

## § 2 Die Rechtslage vor dem Inkrafttreten des PostG

Vor dem 1. Januar 1970, dem Tag des Inkrafttretens des neuen PostG[1], war das Recht der Haftung im Postverkehr nicht anders als das Postrecht insgesamt: unübersichtlich und zersplittert.

### I. Das Postgesetz von 1871

Den Kern der Haftungsnormen enthielt das Gesetz über das Postwesen des Deutschen Reichs, das alsbald nach der Reichsgründung erlassen worden war[2]. Es hatte inhaltlich weitgehend das Postgesetz für den Norddeutschen Bund[3] übernommen, welches seinerseits stark dem Vorbild des Preußischen Postgesetzes von 1852[4] verpflichtet war. Das PostG 1871 widmete seinen zweiten Abschnitt der Haftung der Post, die es als „Garantie" bezeichnete. Es erfaßte sämtliche damals vorhandenen Postdienste: den Sachverkehr (Beförderung von Briefen, Paketen usw.), den Personenverkehr und den Geldübermittlungsdienst.

Es sah eine Haftung für den Verlust von eingeschriebenen Sendungen, für den Verlust und die Beschädigung von Paketen, Wertpaketen, Wertbriefen und Reisegepäck vor, eine Erfüllungsgarantie hinsichtlich des eingezahlten Betrags im Geldübermittlungsdienst sowie die Pflicht zur Zahlung von Kur- und Verpflegungskosten bei Verletzung eines Reisenden im Postreisedienst[5].

### II. Die weitere Entwicklung

Das Posthaftungsrecht wurde dadurch unübersichtlich, daß die Entwicklung des Postbenutzungsrechts sich außerhalb des PostG vollzog.

---

[1] § 30 I.
[2] Am 28. Oktober 1871 (RGBl. S. 347).
[3] Vom 2. November 1867 (BGBl. S. 61).
[4] Vom 5. Juni 1852 (GS S. 345).
[5] Eine recht sonderbare Haftungsnorm, die die Post finanziell begünstigte, wenn der Reisende bei einem Unfall getötet wurde: Sie haftete dann nicht einmal für die Beerdigungskosten, vgl. *Niggl*, S. 339.

§ 2 Die Rechtslage vor dem Inkrafttreten des PostG

### 1. Das Wechselprotestgesetz von 1908

Das PostG 1871 verlor seine Eigenschaft als Kodifikation des Posthaftungsrechts, als 1908 das „Gesetz, betreffend die Erleichterung des Wechselprotestes"[6] erlassen wurde[7]. Es sah in gewissem Umfang die Möglichkeit vor, Postbeamte[8] mit der Erhebung des Wechselprotests zu beauftragen. Laut § 4 sollte die Post dem Auftraggeber für die ordnungsmäßige Ausführung des Postprotestauftrags nach den allgemeinen Vorschriften des bürgerlichen Rechts über die Haftung des Schuldners für die Erfüllung seiner Verbindlichkeiten haften.

### 2. Das Postscheckgesetz von 1914

Die zweite gesetzliche Haftungsnorm außerhalb des PostG 1871 wurde 1914 in § 9 PostscheckG[9] verankert. Danach haftete die Post dem Kontoinhaber für die ordnungsmäßige Ausführung der bei dem Postscheckamt eingegangenen Aufträge ebenfalls nach bürgerlichem Recht. Die Vorschriften über die Folgen des Schuldnerverzuges fanden freilich keine Anwendung: Die Haftung für die rechtzeitige Ausführung des Auftrags war ausdrücklich ausgeschlossen.

### 3. Gesetzesvertretende Verordnungen

Neue Haftungsvorschriften entstanden nicht nur im förmlichen Gesetzgebungsverfahren, sondern auch im Verordnungswege. So wurde durch eine Ergänzung der Postordnung 1912 die Haftung der Post für die Einziehung des Nachnahmebetrags eingeführt, welche die Postverwaltung bis zu diesem Zeitpunkt unter Berufung auf den generellen Haftungsausschluß des PostG 1871 abgelehnt hatte. Da diese Änderung den Postbenutzer begünstigte, rückte die Frage, ob der Verordnungsgeber verfassungsrechtlich zum Erlaß von Haftungsnormen befugt sei[10], in den Hintergrund.

---

[6] Vom 30. Mai 1908 (RGBl. S. 321).
[7] Nicht ohne heftige Kritik; vgl. *Koffka*, Der Postprotest — Ein Mahnwort in letzter Stunde, JW 1907, 580, dessen Befürchtungen sich glücklicherweise als grundlos herausstellten.
[8] Postbedienstete ohne Beamteneigenschaft durften erst seit dem Änderungsgesetz zur Wechselordnung vom 18. Dezember 1926 (RGBl. I S. 506) mit der Protesterhebung betraut werden. Dem heutigen Postbenutzungsrecht ist diese Differenzierung fremd.
[9] Vom 26. März 1914 (RGBl. S. 85). Der Postscheck- und Postüberweisungsdienst war allerdings bereits 1909 aufgenommen worden, nachdem § 2 Haushaltsgesetz vom 18. Mai 1908 (RGBl. S. 197) und die Postscheckordnung für das Deutsche Reich vom 6. November 1908 (RGBl. S. 587) hierfür eine vorläufige Grundlage normiert hatten. Einzelheiten zur Entstehungsgeschichte bei *Niggl*, S. 372.
[10] Die Position des Reichsgerichts zu dieser Frage war nicht eindeutig: RGZ 19, 101 (103 f.) billigte eine Haftungsregelung im Verordnungswege, RGZ 63, 337 (339) verneinte sie. Berechtigte Zweifel äußerte *Niggl*, Die Neuregelung der

Ebenfalls im Verordnungswege war die Haftung für Postkreditbriefe geregelt[11], die dem Einzahlenden oder dem Postscheckteilnehmer die Möglichkeit boten, die eingezahlte oder angewiesene Summe jederzeit bei jedem Postamt ganz oder in Teilbeträgen abzuheben.

Besonderes Gewicht hatte die Änderung der Postordnung, durch die 1938 die Haftung im Postreisedienst neu geregelt wurde. Die Änderungsverordnung[12] erklärte die Vorschriften der §§ 7 bis 16 des Gesetzes über den Verkehr mit Kraftfahrzeugen — des heutigen Straßenverkehrsgesetzes — für entsprechend anwendbar und setzte damit die ohnehin nicht sehr sinnvolle Regelung des § 11 PostG 1871 außer Kraft[13]. Als im Jahre 1964 das Benutzungsrecht des Postreisedienstes aus der Postordnung herausgelöst wurde, ergingen entsprechende Haftungsvorschriften erneut im Verordnungswege: in der Postreiseordnung[14].

Völlig unklar war die Haftung im Postsparkassendienst. Er wurde in Deutschland erst 1938 — nach dem Anschluß Österreichs, dessen Postverwaltung schon seit 1883 Spargelder entgegennahm — eröffnet[15], und zwar nicht durch Gesetz, das ähnlich wie das Postscheckgesetz sicher eine Haftungsregelung enthalten hätte, sondern aufgrund Führererlasses[16], dem eine hinreichende gesetzliche Ausgestaltung nicht nachfolgte[17].

## III. Die Fortbildung des Posthaftungsrechts durch den Bundesgerichtshof

Die dargestellten Rechtsquellen zeichnen nur ein unvollkommenes Bild des bis 1969 geltenden Posthaftungsrechts. Seine Interpretation und praktische Anwendung empfing nämlich wichtige weiterführende Impulse aus der Rechtsprechung des Bundesgerichtshofs. Während das

---

Haftung der Post für Nachnahmesendungen des Inlandsverkehrs, Das Recht 1912, Sp. 724 ff.; zum Ganzen vgl. *Niggl*, S. 275 ff.
[11] Vgl. *Aschenborn-Schneider*, Vor § 6, Anm. A 11 (S. 191).
[12] Verordnung zur Änderung und Ergänzung der Postordnung vom 6. Juli 1938 (RGBl. I S. 881); dazu *Schuster-Kniepmeyer*, JW 1938, 2320 ff.
[13] Zur ursprünglichen Haftung im Postreisedienst vgl. *Niggl*, S. 338 ff.
[14] Vom 6. Juli 1964 (BGBl. I S. 445).
[15] Ein früher Versuch, das Postsparkassenwesen auch in Deutschland einzuführen, scheiterte: der 1885 vorgelegte Entwurf eines Postsparkassengesetzes (Stenographische Berichte über die Verhandlungen des Reichstages, 6. Legislaturperiode I. Session 1884/85, Aktenstück Nr. 82) verfiel schon in den Ausschußberatungen der Ablehnung (Bericht der XII. Kommission, a.a.O., Aktenstück Nr. 249).
[16] Erlaß des Führers und Reichskanzlers zur Regelung des Postsparkassenwesens im Deutschen Reich vom 26. August 1938 (RGBl. I S. 1061).
[17] Die Postsparkassenordnung v. 11. November 1938 (RGBl. I S. 1645) enthielt keine Haftungsregelung.

Reichsgericht[18], die Instanzgerichte[19] und natürlich die Post durch Jahrzehnte davon ausgegangen waren, daß die Haftung der Post im PostG und den anderen einschlägigen postrechtlichen Vorschriften abschließend geregelt sei, eine Ersatzpflicht also nur kraft ausdrücklicher Normierung bestehe, entwickelte der Bundesgerichtshof eine diametral entgegengesetzte Konzeption. Die allgemeinen Staatshaftungsvorschriften seien nur insoweit verdrängt, als sie durch Gesetz ausdrücklich ausgeschlossen oder eingeschränkt seien[20]. Zweifel, ob eine Pflichtverletzung noch dem Geltungsbereich einer Ausschlußnorm zuzurechnen sei, gingen somit zu Lasten der Post, nicht mehr zu Lasten des Benutzers. Die praktischen Konsequenzen dieser Rechtsprechung hielten sich nur deswegen in erträglichen Grenzen, weil das Gericht konzedierte, daß durch das Postgesetz und die verwandten Vorschriften die Haftung für die typischen, den einzelnen Sondergebieten der postalischen Tätigkeit eigenen Haftungsgefahren grundsätzlich ausgeschlossen sei[21]; überall dort, wo ein Schaden sich als Verwirklichung dieser besonderen Gefahr darstellte, konnte der Postbenutzer Ersatz nur nach Maßgabe der postrechtlichen Haftungsnormen verlangen. Unmittelbare Auswirkungen zeitigte der grundsätzlich neue Ausgangspunkt des Bundesgerichtshofs aber bei der Haftung für Fehler bei der förmlichen Zustellung im Postauftragsdienst: Da hier die Post keine Beförderungsleistungen erbringe, auf die die Regelung des Postgesetzes einzig zugeschnitten sei[22], bewende es bei ihrer Ersatzpflicht nach Art. 34 GG i. V. m. § 839 BGB. Wie sehr das Gericht damit den Geboten praktischer Vernunft zur Geltung verholfen hat, zeigt sich daran, daß der Gesetzgeber des PostG unter ausdrücklicher Berufung auf diese Rechtsprechung die Haftung für Fehler bei der förmlichen Zustellung gesetzlich verankerte[23].

## § 3 Die Haftungsnormen des PostG

Es war eine der Hauptaufgaben des neuen PostG, die Zersplitterung des bisherigen Posthaftungsrechts zu beseitigen. Ihr wurde es insoweit gerecht, als nunmehr alle Haftungsfälle in einem einzigen Gesetz zusammengefaßt sind. Dagegen sind die Voraussetzungen, an die sich die Haftung knüpft, nach wie vor uneinheitlich und im Gesetz nicht abschließend

---

[18] RGZ 57, 150 (151 f.); 67, 182 (184 f.); 141, 420 (426) (für den Fernsprechverkehr).
[19] z. B. OLG Stuttgart DJZ 1903, 131.
[20] BGHZ 12, 96 (97 f.); besonders deutlich zuletzt BGH MDR 1965, 466 = BB 1965, 350 = Archiv PF 1965, 716 mit Anm. R. *Schmidt*; kritisch zu dieser Rechtsprechung *Kohl*, DÖV 1968, 725.
[21] BGHZ 12, 97.
[22] BGHZ a.a.O.; ferner 28, 30.
[23] § 16 I; dazu RegE S. 21.

## I. Originäre Haftungsnormen

geregelt. Das PostG hat teils eigene Haftungsnormen geschaffen, teils auf außerpostrechtliche Haftungsnormen verwiesen.

### I. Originäre Haftungsnormen

Unmittelbar und ausschließlich nach dem PostG bestimmt sich die Haftung für den Verlust oder die Beschädigung von eingeschriebenen Sendungen (§ 12 II), von gewöhnlichen Paketen (§ 12 III) und von Wertsendungen (§12 V). Gleiches gilt für die Haftung im Geldübermittlungsdienst (§ 15) und für die Reisegepäckhaftung (§ 18 II).

### II. Verweisungsnormen

Die Normen, die kraft Verweisung auf bestimmte Haftungsfälle Anwendung finden sollen, hat das PostG jeweils genau umschrieben: Damit sollte den Bedenken Rechnung getragen werden, die der Bundesrat und der Postausschuß des Bundestages dagegen angemeldet hatten, daß im Regierungsentwurf zuweilen sich nur die kurze, aber dunkle Formulierung fand, die Post hafte „nach den allgemeinen Vorschriften"[1].

#### 1. Amtshaftung

Zum einen zieht das Gesetz die „allgemeinen gesetzlichen Vorschriften über die Schadensersatzpflicht des Dienstherrn für Amtspflichtverletzungen seiner Bediensteten" heran: § 16 I, § 16 II, § 18 I 1, § 21. Mit dieser etwas umständlich anmutenden Umschreibung sind die allgemeinen, für alle Hoheitsträger geltenden Staatshaftungsnormen gemeint: Art. 34 GG i. V. m. § 839 BGB sowie das Gesetz über die Haftung des Reichs für seine Beamten von 1910[2].

##### a) Amtshaftung als Dienstherrnhaftung

Daß das Gesetz die Staatshaftung als Dienstherrnhaftung verstanden wissen will, hat keine praktischen Auswirkungen. Zwar erfüllt die Post neben ihren eigenen Verwaltungsaufgaben zugleich die anderer

---

[1] Vgl. RegE S. 29 zu § 18 I; Schriftlicher Bericht, S. 7 zu § 18. Der Formulierungsvorschlag des RegE dürfte auf § 9 I PostreiseO vom 6. Juli 1964 (BGBl. I S. 445) zurückgehen, wonach die Post im Postreisedienst „nach den allgemein geltenden Bestimmungen" hafte.
[2] Vom 22. Mai 1910 (RGBl. S. 798; BGBl. III Nr. 2030-9). Dieses Gesetz hat durch Art. 34 GG seine Bedeutung nicht verloren, *Bettermann*, in: Die Grundrechte III, S. 837, 858.

Verwaltungsträger, etwa bei der Einziehung von Rundfunkgebühren[3], bei der Auszahlung von Renten, beim Verkauf von Sozialversicherungsmarken oder der Erstattung von Visagebühren. Verletzt ein Postbediensteter bei der Ausübung dieser Aufgaben seine Amtspflichten, so würde die Fixierung auf die Dienstherrnhaftung zu wenig sachgerechten Ergebnissen führen. Wie auch immer hier zu entscheiden ist: In den Bereichen, in denen das PostG expressis verbis den Dienstherrn verantwortlich macht, im Postauftragsdienst (§ 16 I, II), im Postreisedienst (§ 18 I) und bei der Erteilung von schriftlichen Auskünften (§ 21), werden allein Funktionen der Post ausgeübt, so daß „Dienstherrntheorie"[4] und „Funktionstheorie"[5] zum selben Ergebnis führen.

### b) Tragweite der Verweisung

Wenn die Post für die in §§ 16, 18 I und 21 bezeichneten Schäden nach allgemeinem Amtshaftungsrecht „haften" soll, so ist damit eine Rechtsgrundverweisung ausgesprochen: Die Post soll nur dann Ersatz leisten, wenn diese Schäden auf rechtswidriger und schuldhafter Verletzung einer dem Geschädigten obliegenden Amtspflicht beruhen. Keineswegs handelt es sich um eine bloße Rechtsfolgenverweisung[6]. Das könnte nur dann angenommen werden, wenn bereits das PostG an die jeweils bezeichneten Schäden die Verpflichtung der Post zum Ersatz geknüpft hätte und lediglich erreichen will, daß dieser Ersatzanspruch das Subsidiaritätsprivileg des § 839 I 2 BGB genieße und entsprechend § 839 III BGB bei Rechtsmittelversäumung ganz ausgeschlossen sei. Eine solche eigenständige Rechtsfolgenanordnung ist dem Gesetzeswortlaut jedoch nicht zu entnehmen. Die gegenteilige Auslegung müßte die klare Aussage, die Post hafte nach den Vorschriften über die Haftung des Dienstherrn für Amtspflichtverletzungen, d. h. doch wohl *wenn und soweit* diese Vorschriften eine Ersatzpflicht vorsehen, künstlich verbiegen, ohne daß dafür im geringsten ein praktisches Bedürfnis ersichtlich wäre.

---

[3] Seit der Entscheidung BVerwGE 29, 214 (218) erkennt auch die Post an, daß sie hier Inkassoaufgaben zugunsten der Rundfunkanstalten erfüllt.
[4] Sie wird auch Anstellungstheorie genannt; sie wurde im Anschluß an die Rechtsprechung des Reichsgerichts zu Art. 131 WRV (vgl. etwa RGZ 125, 11 [13]; 126, 81 [83]) zunächst ständig vom BGH vertreten, vgl. BGHZ 2, 350 (351); 6, 215 (217 ff.); 36, 193 (195). In neuerer Zeit ist eine leichte Modifizierung dieser Rechtsprechung zu bemerken: Nach BGHZ 53, 217 haftet diejenige Körperschaft, die dem Amtsträger die Aufgaben, bei deren Wahrnehmung die Amtspflichtverletzung vorgekommen ist, anvertraut hat. Für die Anstellungstheorie grundsätzlich auch *Wolff*, Verwaltungsrecht I, § 64 II g.
[5] Hierfür z. B. *Bettermann*, in: Die Grundrechte III, S. 845.
[6] Zum Unterschied von Rechtsgrund- und Rechtsfolgenverweisung *Larenz*, Methodenlehre der Rechtswissenschaft, 2. Aufl., Berlin 1969, S. 197 ff.

## II. Verweisungsnormen

### 2. Schuldnerhaftung

Neben der Amtshaftung hat das PostG eine weitere Form der Verschuldenshaftung aus einem anderen Rechtsgebiet übernommen. Im Postscheckdienst (§ 19), im Postsparkassendienst (§ 20) sowie im Postreisedienst (§ 18 I 2)[7] haftet die Post „entsprechend den allgemeinen gesetzlichen Vorschriften über die Haftung des Schuldners für die Erfüllung seiner Verbindlichkeiten"[8].

#### a) Rechtspolitischer Anlaß

Diese Haftungsform orientiert sich am Vorbild des Postscheckgesetzes von 1914. Freilich unterscheidet sich die neue Regelung von der bisherigen dadurch, daß das PostG die bürgerlich-rechtlichen Haftungsnormen nur „entsprechend" gelten läßt, während dieses Wort im alten Postscheckgesetz noch fehlte. Ob sich daraus die unmittelbare Geltung des bürgerlichen Rechts für den gesamten Postscheckverkehr ableiten ließ und das PostG insofern nicht nur eine terminologische Änderung vorgenommen hat, wäre einzig für eine dogmengeschichtliche Untersuchung des Postbenutzungsrechts von Belang, kann folglich hier dahinstehen[9]. Denn das PostG enthält in § 7 eine klare Entscheidung gegen die unmittelbare Anwendung des bürgerlichen Rechts.

Die Schuldnerhaftung der Post sollte nach dem Willen des Gesetzgebers nicht auf den Postscheckverkehr beschränkt bleiben. Er erstreckte sie zugleich auf den Postspar- und den Postreisedienst. Maßgebend war dabei die Erwägung, daß in diesen drei Postdiensten der Benutzer nicht schlechter gestellt werden dürfe als derjenige, der auf Grund privatrechtlicher Verträge vergleichbare Leistungen in Anspruch nimmt, also etwa sich einer Bank bedient oder sich von einem privaten Unternehmer befördern läßt.

Ein entsprechender Haftungsschutz hätte mit einer Verweisung auf die Amtshaftungsvorschriften nicht erzielt werden können. Im Regelfall

---

[7] Hier kumulativ mit Amtshaftung und Fahrzeughalterhaftung nach § 18 I 1.
[8] Der Unterschied in der Formulierung von § 18 („Daneben finden die Vorschriften über die Haftung des Schuldners für die Erfüllung seiner Verbindlichkeiten entsprechende Anwendung") und §§ 19, 20 („Die Deutsche Bundespost haftet... entsprechend den allgemeinen gesetzlichen Vorschriften über die Haftung des Schuldners für die Erfüllung seiner Verbindlichkeiten") ist lediglich redaktioneller Natur.
[9] Daß zunächst angenommen wurde, die Benutzung des Postscheckdiensts erfolge aufgrund privatrechtlichen Vertrags (so noch RG JW 1926, 2295 = Archiv PT 1926, 256 = Schneider, Postrecht Nr. 92), muß auch *Niggl*, S. 204 zugeben, der sich für die öffentlich-rechtliche Natur der Teilnahme am Postscheckdienst ausspricht.

einer fahrlässigen Amtspflichtverletzung hat der geschädigte Postbenutzer nur dann einen Ersatzanspruch gegen die Post, wenn er „nicht auf andere Weise Ersatz zu erlangen vermag" (§ 839 I 2 BGB); denn nach h. M. ist die Subsidiarität des Amtshaftungsanspruchs durch Art. 34 GG nicht obsolet geworden[10]. Als materiell-rechtliche Schlechterstellung ist ferner die Vorschrift des § 839 III BGB zu nennen, wonach bei vorsätzlicher oder fahrlässiger Rechtsmittelversäumung die Ersatzpflicht der Post ganz wegfällt; dabei ist allerdings einzuräumen, daß diese scharfe Sanktion einer Schadensmitverursachung durch den Geschädigten weder im Postscheck- und Postsparkassendienst noch im Postreisedienst jemals praktische Bedeutung erlangen dürfte.

Auch bei der prozessualen Durchsetzung seiner Ansprüche wäre der Postbenutzer schlechter gestellt als bei einer Inanspruchnahme vergleichbarer privatwirtschaftlicher Dienstleistungen. Bei Vertragsverletzungen muß der Schuldner nachweisen, daß Unmöglichkeit der Leistung oder Verzug nicht von ihm zu vertreten sind (§§ 282, 285 BGB); bei positiver Forderungsverletzung wird es sich häufig nicht anders verhalten[11]. Dagegen muß beim Amtshaftungsanspruch der Ersatzgläubiger dem Ersatzschuldner nachweisen, daß der Amtsträger die ihm obliegende Amtspflicht rechtswidrig und schuldhaft verletzt hat[12]. Besonders gravierend wirkt sich hierbei der Umstand aus, daß bei Zugrundelegung der h. M. im Fall des § 839 I 2 BGB dem Postbenutzer die Beweislast auferlegt werden müßte, daß anderweitige Ersatzmöglichkeiten nicht bestehen[13].

Unabhängig von diesen Erwägungen allgemeiner Art gewinnt die Verweisung auf die Vorschriften des bürgerlichen Rechts über die Forde-

---

[10] Gegen die h. M. *Bettermann*, in: Die Grundrechte III, S. 837 f.

[11] Der Streit, ob bei positiver Forderungsverletzung sich stets der Schuldner vom Schuldvorwurf zu entlasten habe, wie es *Raape*, AcP 147 (1942), 217 vorgeschlagen hat, oder ob nur von Fall zu Fall entschieden werden kann, wer die Beweislast für das Verschulden trägt (so BGHZ 48, 310 [312]; *Esser*, Schuldrecht I § 52 VII 4; *Stoll*, Festschrift für Fritz v. Hippel, Tübingen 1967, S. 517 ff.) ist noch nicht ausgetragen.

[12] H. M., vgl. nur *Soergel-Glaser*, § 839 Rdnr. 238 - 240. Dagegen *Bettermann*, Verhandlungen des 46. Deutschen Juristentages, Band II, Teil E, S. 40, 47, der die Beweislast im Amtshaftungsprozeß nicht anders verteilen will als im Anfechtungsprozeß vor dem Verwaltungsgericht, weshalb der verklagte Staat auch hier nachweisen müsse, der Amtsträger habe regelmäßig und/oder schuldlos gehandelt.

[13] BGHZ 28, 297 (301); 31, 148 (151); *Soergel-Glaser*, § 839 Rdnr. 241. Mit Recht weist *Bettermann* a.a.O. S. 47 darauf hin, daß dies in Widerspruch zu den allgemeinen Regeln der Beweislastverteilung steht. Selbst wenn der Gesetzgeber geneigt gewesen wäre, sich diese Kritik zu eigen zu machen, so wäre ihm gleichwohl nichts anderes übrig geblieben, als die h. M. bei seinen Überlegungen als wesentlichen Faktor in Rechnung zu stellen und auf die Haftung für Forderungsverletzungen auszuweichen: Denn für eine anderweitige Regelung der Beweislast im Bereich des Art. 34 GG/§ 839 BGB bot die Reform des Postrechts schwerlich einen genügenden Anlaß.

## II. Verweisungsnormen

rungsverletzung im Postreisedienst besondere praktische Bedeutung. Die Post veranstaltet Fahrten nicht ausschließlich mit ihren eigenen Wagen und Fahrern, sondern auch mit angemieteten Fahrzeugen privater Beförderungsunternehmer, die auch den Fahrer stellen. Wie *Papier* nachgewiesen hat[14], ist der Fall, daß eine *Zivil*person als Erfüllungshilfe eines Hoheitsträgers im Rahmen öffentlich-rechtlicher Schuldverhältnisse eine Forderungsverletzung verschuldet, mit Art. 34 GG und § 839 BGB nicht zu bewältigen, da beide Normen — ungeachtet der Weite des haftungsrechtlichen Beamtenbegriffs — eine mit der Ausübung öffentlicher Gewalt betraute Person als Verletzer voraussetzen. Hier kann der Postbenutzer also nur auf Grund des analog anzuwendenden § 278 BGB einen Ersatzanspruch geltend machen.

### b) Tragweite der Verweisung

Die Verweisung auf die Schuldnerhaftung des bürgerlichen Rechts ist ebenfalls eine Rechtsgrundverweisung, was angesichts der Formulierung des § 18 I 2 nicht zweifelhaft sein kann. Eine Ersatzpflicht tritt demnach nur ein, wenn die Post und ihre Erfüllungsgehilfen eine dem Postbenutzer geschuldete Haupt- oder Nebenleistungspflicht schuldhaft verletzt haben. Eine inhaltliche Bestimmung der Leistungspflicht, vor allem anhand der Benutzungsordnungen, ist freilich entbehrlich: In den Fällen, in denen das Gesetz Schadenersatz zuspricht, ist das Vorliegen einer Pflichtverletzung evident; im übrigen aber ist, wie noch zu zeigen sein wird[15], jeglicher Ersatzanspruch ausgeschlossen.

### 3. Gefährdungshaftung

Schließlich unterliegt die Post noch der Gefährdungshaftung nach dem StVG: Im Postreisedienst haftet sie — kumulativ zu Amtshaftung und schuldnergleicher Haftung — nach den „allgemeinen gesetzlichen Vorschriften über die Schadensersatzpflicht des Fahrzeughalters", § 18 I 1 zweite Alternative. Damit sind die §§ 7, 8 StVG in Bezug genommen. § 8 a I 1 StVG macht die Haftung für Schäden der in Kraftfahrzeugen beförderten Personen davon abhängig, daß es sich um entgeltliche geschäftsmäßige Personenbeförderung handelt, und bestimmt in Abs. 1 Satz 3: „Die Geschäftsmäßigkeit einer Personenbeförderung... wird nicht dadurch ausgeschlossen, daß die Beförderung von einer Körperschaft oder Anstalt des öffentlichen Rechts betrieben wird". Die Formulierung ist allerdings verfehlt. Es kommt nicht auf die rechtliche Qualifikation des Beförderungsunternehmers an, sondern darauf, daß die Be-

---

[14] *Papier*, Die Forderungsverletzung im öffentlichen Recht, Berlin 1970, S. 158 ff.
[15] Vgl. unten § 13.

förderung nach den Normen des öffentlichen Rechts erfolgt. Ist aber der Postreisedienst als Ausübung öffentlicher Gewalt anzusehen[16], so wird dadurch die „Geschäftsmäßigkeit" ausgeschlossen. § 8 a Abs. 1 Satz 3 StVG will daher nicht mehr sagen, als daß die Haftungsnormen des Absatz 1 Satz 1 und 2 auch dann anzuwenden sind, wenn die Beförderung nicht auf Grund privatrechtlichen Vertrages, sondern kraft öffentlich-rechtlicher Anstaltsnutzung erfolgt.

---

[16] Das ist de lege lata wegen § 7 i. V. m. § 1 Nr. 3 nicht mehr zweifelhaft. Nur de lege abrogata waren die Meinungen geteilt; doch war mit der Entscheidung BGHZ 20, 102 für die Praxis klargestellt, daß die Personenbeförderung durch die Post als Ausübung öffentlicher Gewalt anzusehen sei. Die entgegengesetzten Stellungnahmen (aufgeführt a.a.O. S. 103) waren damit faktisch überholt. Wie der BGH zuvor schon verschiedene Gerichte und Stimmen in der Literatur (Nachweise a.a.O. S. 108).

*Zweiter Teil*

# Prinzipien des Posthaftungsrechts

## § 4 Grundlegung

### I. Gegenstand der Haftung

Wer den Haftungsabschnitt des PostG unvoreingenommen liest, wird sich des Eindrucks kaum erwehren können, ein unverbundenes Nebeneinander verschiedenartigster Normen vor sich zu sehen, die nur auf die Besonderheiten des jeweils von ihnen erfaßten Postdienstes zugeschnitten seien, denen es aber an einem einheitlichen Konzept fehle. Bedenkt man ferner, daß die durch das PostG abgelösten Vorschriften sowie die Erkenntnisse der Rechtsprechung in vielfacher Hinsicht bei der Formulierung der neuen Vorschriften Pate gestanden haben, so könnte es nicht Wunder nehmen, wenn bei dieser Mischung aus Altem und Neuem ein Gesetzeswerk aus einem Guß nicht zustandegekommen wäre. Und doch lassen sich die Haftungsnormen des PostG unter zwei übergreifenden Gesichtspunkten gruppieren; der Vorwurf der Prinzipienlosigkeit ist jedenfalls objektiv nicht gerechtfertigt.

#### 1. Das Integritätsinteresse des Postbenutzers

Die eine Gruppe umfaßt die Haftung im Sachverkehr — hierunter ist die Beförderung von Briefen, Paketen, Reisegepäck und Kraftpostgut zu verstehen —, in den Gelddiensten (Geldübermittlung, Postscheck, Postsparkasse) sowie im Personenverkehr (Postreisedienst). So unterschiedlich die in diesen Postdiensten erbrachten Verwaltungsleistungen auch sein mögen, so wollen doch die einschlägigen Haftungsnormen ein gleichartiges Haftungsinteresse des Postbenutzers befriedigen. Mit der Auflieferung von Paketen und Wertsendungen vertraut der Postbenutzer der Post Sachen zur Beförderung an, die einen bezifferbaren wirtschaftlichen Wert darstellen; in den Gelddiensten sind es konkrete Geldbeträge, die der Post zur Durchführung des Zahlungsverkehrs oder zum Zwecke der verzinslichen Anlage überlassen sind; im Postreisedienst schließlich begibt sich der Postbenutzer selbst in die Obhut der Post. Diese spezifische Situation indiziert ohne weiteres das zu schützende

Rechtsgut: die Integrität des Beförderungsgegenstands, des Geldbetrags oder der beförderten Person. Der Schutz des Integritätsinteresses ist das gemeinsame (rechtspolitische) Motiv, welches die genannten Haftungsnormen miteinander verbindet. Da sich das Integritätsinteresse leicht von allen anderen Rechten des Postbenutzers absondern läßt, enthält dieses Prinzip zugleich schon alle Elemente zu einer gegenständlichen Beschränkung der Haftung: Nur der Schaden, der in der Verletzung gerade des Integritätsinteresses liegt, ist zu ersetzen; der Ersatz weiterer Schäden ist ausgeschlossen, auch wenn sie auf Pflichtverletzungen von Postbediensteten im Postverkehr zurückgehen. Das erklärt die Beschränkung der Haftung im Sachverkehr auf den unmittelbaren, durch Verlust oder Beschädigung des beförderten Guts verursachten Schaden, auf Personen- und Sachschäden bei Verletzung eines Reisenden und Beschädigung der Sachen, die er an sich trägt oder mit sich führt (§ 18 I), die Erfüllungsgarantie im Geldübermittlungsdienst (§ 15 I) sowie den Ausschluß der Verzugshaftung im Postscheck- und Postsparkassendienst (§§ 19 Satz 2, 20 Satz 2).

**2. Die Haftung für die Erfüllung von Zusatzpflichten**

Die andere Gruppe von Haftungsnormen umfaßt Pflichten, die die Post zusätzlich zu ihren Aufgaben als Nachrichtenübermittler und/oder Verkehrsträger erfüllen muß, die also keine Beförderungsleistungen zum Gegenstand haben, auch wenn sie in engem Zusammenhang mit ihnen zu erfüllen sind, und die der Einfachheit halber als Zusatzpflichten bezeichnet werden mögen.

Damit ist die Haftung der Post für Pflichtverletzungen bei der förmlichen Zustellung von Schriftstücken und bei der Erhebung des Wechselprotests gemeint. Diese Dienstleistungen können sicherlich nicht dem Bereich des Sachverkehrs zugeordnet werden. Die Post handelt hier kraft und in Erfüllung besonderen Auftrags, gleichwie mit der Zustellung von Urkunden der Gerichtsvollzieher, mit der Protesterhebung der Gerichtsvollzieher und der Notar betraut werden können. Es wäre aber verfehlt, aus diesem Grund hier von postfremder Tätigkeit zu sprechen. Denn die förmliche Zustellung und die Protesterhebung wurden der Post kraft Gesetzes (§ 193 ZPO; Art. 79 WG) gerade deswegen übertragen, weil sie angesichts ihrer Beförderungs- und Zustellpflichten im Sachverkehr besonders prädestiniert erschien, solche Aufträge ohne großen Verwaltungsaufwand auszuführen: Das weitverzweigte Netz von Ämtern und Amtsstellen, das die Post wegen ihrer Betriebspflicht im Sachverkehr aufrechterhalten muß, macht auch den entfernt und abgelegen wohnenden Zustellungsempfänger oder Zahlungsverpflichteten leicht erreichbar[1]. Ganz zu Recht ist daher in § 1 Nr. 1 der Postauftragsdienst neben dem Brief-, Paket- und Postanweisungsdienst als besonderer Postdienst erwähnt.

Die rechtspolitische Legitimation dieser zweiten Haftungsgruppe liegt darin, daß sie für die förmliche Zustellung wie für die Wechselpräsentation und Protesterhebung eine Homogenität der Haftungsformen schafft. Erst dadurch tritt die Post gleichwertig neben den Gerichtsvollzieher oder den Notar, und der Auftraggeber kann sich darauf verlassen, daß die Interessen, die er mit der Zustellung oder der Präsentation des Wechsels verfolgt, bei jeder zuständigen Behörde durch gleichartige Ersatzansprüche gesichert sind.

## II. Formen der Haftung

Wird im Sachverkehr, in den Gelddiensten oder im Postreisedienst das Integritätsinteresse beeinträchtigt oder kommt es im Postauftragsdienst zu Amtspflichtverletzungen, so werden die dem Postbenutzer daraus entstandenen Nachteile auf verschiedene Weise ausgeglichen.

### 1. Gewährung von Schadensersatz

In erster Linie kann der Postbenutzer bei Pflichtverletzungen der Post Ersatz des ihm entstandenen Schadens verlangen, wenn und weil nur so die Interessenbeeinträchtigung auszugleichen ist: Während der Postbeförderung wurde das Wertpaket gestohlen, der Reisende verletzt, die Protesterhebung ist wegen eines Formfehlers unwirksam, so daß die Rückgriffsansprüche entfallen. In Fällen dieser Art ist Haftung gleichzusetzen mit Schadenshaftung. Daß der Gesetzgeber vor allem sie im Auge hatte, ergibt sich aus § 11, der die „Haftung der Deutschen Bundespost *für Schäden*, die durch die nicht ordnungsgemäße Ausführung ihrer Dienstleistungen entstehen", auf den Umfang beschränkt, der sich aus dem PostG ergibt. Insoweit folgt das Gesetz in seiner Terminologie dem allgemeinen Sprachgebrauch, der mit dem Wort „Haftung" die Pflicht des Schuldners zur Leistung von Schadensersatz meint[2] und der sich auch in einigen Normen des BGB[3] niedergeschlagen hat.

### 2. Garantie von Erfüllungsansprüchen

Der Begriff „Haftung" läßt sich aber noch in einem anderen Sinn verstehen. Gerade im bürgerlichen Recht meint er zugleich die Pflicht des

---

[1] Es dürfte keine weitere Verwaltung geben, die so dezentralisiert und bürgernah geführt wird wie die Post. Bei ihr liegt die untere Verwaltungsebene (Postämter, Posthilfsstellen) hinsichtlich der räumlichen Ausdehnung regelmäßig noch unterhalb der Gemeindeverwaltung, wie überhaupt der Bundesadler der Post das am weitesten verbreitete Hoheitszeichen sein dürfte.

[2] Vgl. *A. Blomeyer*, Allgemeines Schuldrecht, 4. Aufl., Berlin 1969, § 2 V 1.

[3] Vgl. §§ 436 bis 438 („Haftung für Rechtsmängel"), 818 Abs. 4, 990.

Schuldners, für die Erbringung der geschuldeten Leistung einzustehen und notfalls die Zwangsvollstreckung in sein Vermögen zu dulden[4]. Diese Variante des Haftungsbegriffs hat auch das PostG entgegen der in § 11 zum Ausdruck gekommenen Tendenz herangezogen. Nach § 15 I „haftet" die Post „dem Absender dafür, daß ein Postanweisungs- oder Zahlkartenbetrag ordnungsgemäß ausgezahlt oder gutgeschrieben wird". Das ist, wie auch die amtliche Begründung zum RegE richtig hervorhebt[5], keine Schadenshaftung, sondern eine Erfüllungsgarantie. Ein Schadensersatzanspruch ist hier auch entbehrlich. Ein Wertbrief mit Banknoten kann gestohlen werden. Dagegen entsteht dem Postbenutzer kein Schaden, wenn der ungetreue Postbedienstete den Betrag, den er auf die Postanweisung in Empfang genommen hat, in seine eigene Tasche steckt: Durch die Einzahlung hat der Absender eine Forderung gegen die Post erworben, die sie erfüllen muß, ohne daß sie sich auf schuldbefreiende Umstände — etwa die Aktivität von „Posträubern" — berufen kann[6].

Wenn dem Auftraggeber dafür gehaftet wird, daß ihm der eingezogene Nachnahmebetrag oder die eingezogene Wechselsumme ordnungsgemäß übermittelt wird, so handelt es sich hierbei ebenfalls um Erfüllungshaftung. Diese Regelung empfahl sich lediglich deswegen, weil Gläubiger des Erfüllungsanspruchs und Einzahler des Geldes nicht identisch sind.

Es ist sorgsam zwischen der Haftung für den eingezahlten Betrag und der Haftung für die Einziehung zu unterscheiden. Nur jene ist Erfüllungshaftung; die Einziehungshaftung dagegen ist Schadenshaftung. Das beweist hinsichtlich der Einziehung der Wechselsumme § 16 II. Die Haftung für die Einziehung des Nachnahmebetrags in § 15 II primo ist natürlich auch eine Schadenshaftung. Es wird gehaftet, wenn die Pflicht zur Einziehung *nicht* erfüllt wurde; der Absender verlangt nicht, daß der Zusteller beim Adressaten nochmals wegen des Nachnahmebetrags vorstellig, sondern will so gestellt werden, wie er bei ordnungsgemäßer Erfüllung stehen würde. Insofern ist die Haftung für die Einziehung von Nachnahmebeträgen in § 15 systematisch wenig glücklich untergebracht[7].

Schon aus den Beispielen erhellt, daß die Erfüllungshaftung nur relevant werden kann, wenn die Post zur Abwicklung von Geldgeschäften

---

[4] Siehe dazu *Blomeyer* a.a.O. § 2 V 2, der noch weitere Bedeutungen des Haftungsbegriffs erörtert; *Esser*, Schuldrecht I, § 7 I 1; *Bettermann*, Die Vollstreckung des Zivilurteils in den Grenzen seiner Rechtskraft, Hamburg 1948, S. 26 f.
[5] S. 20 zu § 15: „Die Haftung im Geldübermittlungsdienst ist keine Schadenshaftung im engeren Sinn, sondern eine Garantiehaftung." Eine Einschränkung ist freilich nötig: Die Haftung für die Einziehung des Nachnahmebetrags (§ 15 II primo) ist keine Erfüllungshaftung, sondern Schadenshaftung; vgl. dazu unten § 8.
[6] Das entspricht der Behandlung von Geldschulden im bürgerlichen Recht, vgl. etwa *Soergel - Reimer Schmidt*, § 279 Rdnr. 2.
[7] Die Auffassung des RegE (S. 20 zu § 15), die Einziehung des Nachnahmebetrags sei im weiteren Sinne dem Geldübermittlungsdienst zuzurechnen, auf der dieser Fehlgriff beruht, ist zudem sachlich falsch, vgl. unten § 8.

in Anspruch genommen wird. Inwieweit sie auch im Postscheck- und Postsparkassendienst Bedeutung erlangt, wird später an entsprechender Stelle zu erörtern sein.

## III. Die Restriktionstendenz des Posthaftungsrechts

So kursorisch die vorangegangenen Bemerkungen auch gehalten sind, so lassen sie doch schon einige Feststellungen über die rechtssystematischen Besonderheiten der in den einzelnen Vorschriften normierten Haftung zu. Sowohl im Zivilrecht beim Schadensersatz wegen der Verletzung (vertraglicher oder gesetzlicher) Leistungspflichten als auch im öffentlichen Recht beim Schadensersatz wegen Amtspflichtverletzung ist Schutzobjekt der Haftung das Vermögen des Gläubigers bzw. des von der Amtspflicht geschützten Dritten als ganzes. Bei der Berechnung seines Schadens ist die Minderung seines Gesamtvermögens maßgebend; auf eine typusmäßige Sonderung der von der Schadenshandlung beeinträchtigten Interessen kommt es nicht an. Anders im Postrecht: Hier hat das Gesetz bestimmte vermögensrechtliche Interessen des Benutzers isoliert und ausschließlich ihren Schutz zum Zweck der Haftung erhoben. Im Sach-, Personen- und Geldverkehr läßt sich dies hinsichtlich des Integritätsinteresses deutlich aufzeigen; und selbst im Postauftragsdienst, dessen Haftungsnormen noch am ehesten dem allgemeinen Schadensersatzrecht zuzurechnen sind, begegnet bei der Haftung für die fehlerhafte Erhebung eines Wechselprotests eine ähnliche Tendenz: Durch die Limitierung des Ersatzanspruchs auf den Betrag des Rückgriffanspruchs wird auch hier das geschützte Interesse gegenständlich aus dem Gesamtvermögen ausgesondert. Es liegt auf der Hand, daß bei diesem Verfahren keineswegs notwendig, wenn überhaupt, das primäre Interesse des Postbenutzers geschützt ist, das dieser mit der Inanspruchnahme der Postdienste verfolgt. Gerade für den Geldverkehr kann wohl ohne Überspitzung gesagt werden, daß der Rechtzeitigkeit der Auftragserledigung aus der Sicht des Benutzers die größte Bedeutung zukommt, während die Garantie für den der Post anvertrauten Geldbetrag praktisch sehr viel seltener ins Gewicht fällt. Gleichartige Feststellungen lassen sich auch für die Paketbeförderung im Sachverkehr und für die Personenbeförderung im Postreisedienst treffen.

Der Grund für diese Restriktion des Haftungsumfangs ist unschwer auszumachen. Angesichts der Vielzahl der täglich zu erbringenden Leistungen ist die Schadensanfälligkeit des Postbetriebs beträchtlich größer als die anderer Zweige der Staatsverwaltung. Da die Folgen nicht ordnungsgemäßer Pflichterfüllung für das Vermögen des Postbenutzers sich zudem jeder Kalkulation entziehen, ist es nicht vertretbar, für die Haftung der Post den weiten Schadensbegriff des bürgerlichen Rechts und des Amtshaftungsrechts zu verwenden. Darum werden grundsätzlich nur solche Vermögensrechte berücksichtigt, die aus der Risikosphäre des Postbenutzers in den Verantwortungsbereich der Post übergewechselt sind. Einzig dort, wo eine sphärenmäßige Sonderung nicht möglich ist, wie etwa bei der förmlichen Zustellung im Postauftragsdienst, verbleibt es dabei, daß jeder auf die Pflichtverletzung zurückgehende Vermögensnachteil auszugleichen ist. Das PostG macht also die Post haftbar, wenn ihr ein konkretisierbares Vermögensrecht in vollem Umfang überantwortet wird, dessen Erhaltung allein von der ordnungsgemäßen Erfüllung ihrer Leistungspflichten abhängt. Wo dagegen der Schaden auch oder ausschließlich von den jeweiligen Dispositionen des Postbenutzers beeinflußt ist, wie regelmäßig bei Verzugsschäden, hat sich das Gesetz für den Grundsatz entschieden: casum sentit dominus.

## § 5 Der Schutz des Integritätsinteresses im Sachverkehr

### I. Fälle der Sachgutbeeinträchtigung

#### 1. Haftung für Pakete

Für den Verlust oder die Beschädigung von gewöhnlichen Paketen[1] haftet die Post bis 500 DM, § 12 III. Diese Haftung ist dem Grunde nach aus § 6 Abs. 1 Nr. I 1 PostG 1871 übernommen; neu ist lediglich die Höchstgrenze sowie der Umstand, daß sich der Ersatzanspruch nicht mehr am Gewicht der Sendung orientiert[2]. Daß für die Paketbeförderung in diesem Umfang gehaftet werden soll, begründet der RegE zutreffend mit der Erwägung, daß „im Gegensatz zu den Briefsendungen Pakete regelmäßig Gegenstände (enthalten), die einen bestimmten Sachwert darstellen"[3]. Darum muß die Integrität der beförderten Sache geschützt werden. Die Höchstgrenze von 500 DM erscheint angemessen. Der Post-

---

[1] Gewöhnliche Pakete sind alle Paketsendungen mit Ausnahme der Wertpakete (§ 1 III, IV PostO); § 12 III erfaßt also auch Schnellpakete, Luftpostpakete etc.
[2] Nach § 9 PostG 1871 mußte die Post „den wirklich erlittenen Schaden, jedoch niemals mehr als drei Reichsmark für jedes Pfund (= 500 Gramm) der ganzen Sendung" ersetzen. Im internationalen Postverkehr ist noch heute der Umfang der Haftung an das Gewicht der Sendung geknüpft, vgl. Art. 39 § 2 Satz 2 lit. b Paketabkommen von Tokio vom 14. November 1969 (übernommen durch Gesetz vom 27. Mai 1971, BGBl. II S. 341).
[3] RegE S. 18 zu § 12.

## I. Fälle der Sachgutbeeinträchtigung

benutzer, der nur gelegentlich Pakete versendet, wird diese Summe selten voll in Anspruch nehmen; übersteigt der Wert des von ihm aufgegebenen Pakets ausnahmsweise diesen Höchstsatz, so kann ihm zugemutet werden, das Paket für eine entsprechend höhere Gebühr als Wertpaket aufzugeben. Allenfalls für gewerbliche Unternehmen, die höherwertige Pakete in großen Mengen versenden, wird es oft umständlich und insgesamt zu teuer sein, auf die besondere Verwendungsform des Wertpakets auszuweichen; ihnen ist jedoch zuzumuten, für Schäden, die die gesetzliche Höchstgrenze des § 12 III übersteigen, privaten Versicherungsschutz zu nehmen, wie dies in praxi schon bisher geschah.

### 2. Die Haftung für Wertsendungen

Bei der Beförderung gewöhnlicher Pakete sind, wie gezeigt, Sachwerte nur bis zu einer bestimmten Höhe geschützt. Dagegen geht die Haftung für Wertsendungen auf Ersatz des vollen Schadens (§ 12 V). Ihn kann der Absender eines mit Wertangabe versehenen Briefs oder Pakets[4] jedoch nur erlangen, wenn die Wertangabe zutrifft. Sollte der wahre Wert der Sendung höher sein, so haftet die Post „nur bis zum Betrag der Wertangabe". Im umgekehrten Fall der überhöhten Wertangabe braucht die Post nicht mehr als den wirklich erlittenen Schaden zu ersetzen, weil der Absender nur insoweit Haftungsschutz verdient[5]; man hat es hier mit einem Bereicherungsverbot zu tun[6]. Der Schadensersatzanspruch des Postbenutzers ist ferner dadurch begrenzt, daß nach § 28 I 2 PostO die Wertangabe bis 100 000 DM, bei Luftpostsendungen bis 10 000 DM lauten darf. Die haftungsbegrenzende Wirkung dieser Vorschrift ist durch § 12 V PostG nicht außer Kraft gesetzt worden. § 12 V gewährt dem Absender nicht etwa ein Recht auf eine beliebig hohe Wertangabe, sondern ist vielmehr dahin zu verstehen, daß die Post bis zum Betrag der postrechtlich zulässigen Wertangabe haftet. Für die Anwendung der Regel, daß die lex superior bzw. posterior der lex inferior bzw. prior vorgeht, ist also kein Raum. Das hat zur Folge, daß die Haftung der Post sich auch dann

---

[4] Nach § 28 I PostO werden nur Briefe und Pakete als Wertsendungen zugelassen.

[5] Nach § 8 I PostG 1871 war bei der Ersatzleistung stets der Betrag der Wertangabe maßgebend, es sei denn, die Post konnte beweisen, „daß der angegebene Wert den gemeinen Wert der Sache übersteigt" (§ 8 I 2); dann war nur der gemeine Wert zu ersetzen. Der Bundesrat wollte diese Regelung beibehalten (vgl. RegE Anl. 2, Nr. 7, S. 29), fand aber hierbei den Widerspruch der Bundesregierung (RegE, Anl. 3, S. 31) und des Postausschusses des Bundestags (Schriftlicher Bericht, S. 6 zu § 13), die darauf hinwiesen, daß dieser Gegenbeweis ohne nähere Angaben des Absenders über den Inhalt der Sendung, zu denen er ja nicht verpflichtet war, kaum je geführt werden konnte.

[6] Zur parallelen Problematik des Bereicherungsverbots im Versicherungsrecht — die Abhängigkeit der Wertgebühr von der Höhe des beförderten Sachwerts rückt die Wertsendung in eine deutliche Nähe zur Sachversicherung — vgl. *Gärtner*, Das Bereicherungsverbot, Berlin 1970, S. 22 ff., 51 ff.

auf die postrechtlich zulässige Wertangabe beschränkt, wenn ein Postbediensteter versehentlich eine Sendung mit unzulässiger Wertangabe angenommen hat, etwa eine Luftpostsendung, deren Wert mit DM 11 000 deklariert ist. Man kann hier nur noch fragen, ob wegen des den Höchstbetrag übersteigenden Schadens die Post nach Art. 34 GG i. V. m. § 839 BGB haften muß, wenn und weil der Postbedienstete, der die Sendung entgegennahm, schuldhaft versäumte, den Absender zur Wahl der richtigen Versendungsform anzuhalten[7]. Da das PostG für diesen Fall eine Haftung nicht vorsieht, besteht wegen des im einzelnen noch zu erörternden Prinzips der Haftungsenumeration im Postverkehr und des damit verbundenen generellen Haftungsausschlusses kein Ersatzanspruch[8].

### 3. Haftung für Reisegepäck und Kraftpostgut

Im Postreisedienst muß die Post in zweierlei Hinsicht für die Integrität von Sachen haften: für Sachen, die „der Reisende an sich trägt oder mit sich führt" (§ 18 I 1), und für Reisegepäck und Kraftpostgut (§ 18 II). Die Sachen, die der Reisende an sich trägt oder mit sich führt — also Kleidung und Handgepäck — haben hier unerörtert zu bleiben. Sie sind nicht der Post zur Beförderung anvertraut; der Reisende „befördert" sie selbst, und es kann keine Rede davon sein, daß — wie dies sonst im Sachverkehr der Fall ist — die Sache aus dem Verantwortungsbereich des Postbenutzers in den der Post überwechselt. Die Beschädigung dieser Gegenstände wird daher vom Gesetz systematisch zutreffend zusammen mit der Verletzung oder Tötung des Reisenden behandelt.

Zum Sachverkehr gehört dagegen die Beförderung von Reisegepäck und Kraftpostgut. Das ergibt sich aus der benutzungsrechtlichen Definition dieser beiden Begriffe in der PostreiseO. § 7 I bestimmt: „Der Fahrgast kann... Gepäck bis zu einem Gesamtgewicht von 50 Kilogramm beim Fahrpersonal *aufliefern* (Reisegepäck). Der Fahrgast hat das Reisegepäck beim Verlassen des Wagens gegen Rückgabe des *Gepäckscheins* abzunehmen..."[9] In § 8 I PostreiseO heißt es dann: „Unabhängig von der Mitfahrt des Auflieferers werden Sachen... im Kraft-

---

[7] Der Absender hätte dann vielleicht zwei Wertsendungen aufgegeben.
[8] Zur Begründung vgl. im einzelnen unten § 13. Zum entgegengesetzten Ergebnis käme man, wenn die Entscheidung OLG Hamm Archiv PF 1965, 720 richtig wäre, wonach der postrechtliche Haftungsausschluß nur Geltung beanspruchen könne, soweit ein Benutzungsverhältnis zustandegekommen sei, Fehler bei der Begründung des Benutzungsverhältnisses dagegen nach den allgemeinen Staatshaftungsnormen zu beurteilen seien. Hiergegen ebenfalls unten § 14 III 2 c.
[9] Hervorhebung vom Verf. Der Gepäckschein ermöglicht also nicht nur, wie der Absenderabschnitt der Paketkarte, den Nachweis der Einlieferung, sondern ist auch Auslieferungsvoraussetzung.

post- und Landkraftpostverkehr befördert, wenn sie am Fahrzeug aufgeliefert werden, die Absende- und Zielhaltestelle an derselben Linie liegen, die Beförderung ohne Umladen auf ein anderes Fahrzeug möglich ist und die Sendung an der Zielhaltestelle bei Ankunft des Fahrzeugs abgeholt wird (Kraftpostgut)". Gerade bei der letztgenannten Versendungsform läßt sich eine starke Ähnlichkeit mit der Paketbeförderung feststellen. Folgerichtig haftet die Post hier — wie bei gewöhnlichen Paketen — für Verlust und Beschädigung, während für Sachen des Reisenden nach § 18 I nur für die Beschädigung (einschließlich der Vernichtung), aber nicht für den „Verlust" im Sinne des Verlorengehens (Abhandenkommens) gehaftet wird.

#### 4. Haftung für eingeschriebene Briefsendungen

Für Verlust, nicht aber für die Beschädigung haftet die Post bei eingeschriebenen Briefsendungen, § 12 II. Gleichwohl kann diese Haftung nicht mehr mit der Erwägung legitimiert werden, daß der Absender gegen den Entzug von Sachwerten geschützt sein soll. Das folgt schon daraus, daß die Beschädigung der eingeschriebenen Sendung haftungsmäßig nicht abgedeckt ist. In ihrer jetzigen Form entbehrt diese Haftungsnorm vielmehr jeden vernünftigen Sinns. Bei der eingeschriebenen Briefsendung hat die Post die Einlieferung zu bescheinigen und darf sie dem Adressaten nur gegen schriftliche Empfangsbescheinigung aushändigen. Allein dies ist der Inhalt ihrer Leistungspflicht, was sich aus § 29 III PostO klar ergibt. Die weitverbreitete Vorstellung, die eingeschriebene Sendung biete einen besonderen Schutz für den der Post zur Beförderung anvertrauten Gegenstand, findet im Postbenutzungsrecht keine Deckung, und auch in der innerbetrieblichen Behandlung ist die Post inzwischen dazu übergegangen, die eingeschriebenen Sendungen gemeinsam mit den gewöhnlichen Briefsendungen zu bearbeiten und sie erst am Bestimmungsort auszusondern. Die Funktion dieser Versengungsform liegt also ausschließlich darin, dem Postbenutzer den Nachweis der Einlieferung und insbesondere der Zustellung zu ermöglichen. Daher sollte man erwarten, daß die Post für Schäden aufkommen muß, die möglicherweise dadurch entstehen, daß die Sendung ohne eine solche Bestätigung ausgeliefert oder der Nachweis aus sonstigen Gründen vereitelt ist. Allein hierfür ist eine Haftung der Post gerade nicht vorgesehen[10].

---

[10] A. A. OLG Hamm Archiv PF 1965, 720, das seine Ansicht gerade am Fall der fehlerhaften Bescheinigung über die Einlieferung einer eingeschriebenen Sendung (der Bedienstete hatte eine Sendung übersehen) entwickelte. Das Urteil wurde insoweit vom BGH nicht beanstandet, vgl. BGH NJW 1965, 962 = JZ 1965, 284 = Archiv PF 1965, 723 m. Anm. R. Schmidt.

§ 5 Der Schutz des Integritätsinteresses im Sachverkehr

Als Kuriosum kommt hinzu, daß bei Verlust der Sendung oder ihres gesamten Inhalts (§ 12 II 2) die Post in jedem Falle 40 DM zahlen muß[11]. Hier bleibt gänzlich unklar, wofür der Postbenutzer diese Summe verlangen kann. Handelt es sich um den Ausgleich einer Sachwerteinbuße, so ist unerfindlich, warum die Haftungshöchstgrenze just bei 40 DM liegt, warum gegebenenfalls mehr als der wahre Wert ersetzt werden muß und warum für die Beschädigung einer Sendung überhaupt nicht gehaftet wird. Sind lediglich schriftliche Mitteilungen verloren gegangen, wird das Ersatzfixum häufig entweder zu niedrig: bei hohen Folgeschäden, oder zu hoch sein: wenn ein solcher Schaden ausbleibt. Der Gesetzgeber hätte die Haftung für eingeschriebene Briefsendungen entweder nach dem Vorbild der Haftung für Pakete und Wertsendungen ausgestalten, d. h. die Post für Verlust und Beschädigung haftbar machen müssen, wobei sicherlich auf eine Haftungshöchstsumme nicht hätte verzichtet werden können; oder er hätte — den Besonderheiten der Versendungsform entsprechend — die Post dafür ersatzpflichtig machen sollen, daß der Einlieferungs- oder Auslieferungsnachweis nicht erbracht werden kann und durch diesen Fehler der Post der Absender einen Schaden erleidet. Die gegenwärtige Form der Haftung für eingeschriebene Briefe, die aus dem alten Postrecht übernommen ist, verfehlt beide Ziele; es ist bedauerlich, daß der Vorschlag, sie ersatzlos wegfallen zu lassen[12], nicht befolgt wurde.

**II. Einschränkungen des Haftungsprinzips im Sachverkehr**
**1. Keine Haftung für Briefsendungen und Postgut**

Auch wenn die Integrität wirtschaftlicher Werte das Schutzobjekt der für den Sachverkehr geltenden Haftungsnormen bildet und die Haftung für Pakete (§ 12 III), Wertsendungen (§ 12 V), Reisegepäck und Kraftpostgut (§ 18 II) erklärt, so ist doch nicht zu übersehen, daß dieses Haftungsprinzip nicht vollständig durchgeführt ist. Indem das Gesetz die Haftung für gewöhnliche Briefsendungen und für Post(zeitungs)gut ausdrücklich ausschließt (§ 12 I, § 12 IV, § 17), hat es für weite Bereiche des Sachverkehrs sich vom Grundsatz, das Interesse an der Integrität von Sachwerten zu schützen, losgesagt.

*a) Haftungsausschluß bei Briefsendungen*

Der Ausschluß der Haftung für Briefsendungen ist zwar von Haus aus keine Einschränkung des Prinzips der Haftung für das Integritäts-

---

[11] Dafür, daß die Post stets das Ersatzfixum zahlen muß, auch *Kämmerer-Eidenmüller*, § 12 PostG, Anm. 5; *Altmannsperger*, Die Postpraxis 1969, S. 179.
[12] *Hellmich-Florian*, Jahrbuch des Postwesens XI (1961), S. 118. Kritisch auch *Altmannsperger* a.a.O. („Fremdkörper").

interesse. Der Brief ist das typische Instrument der Nachrichtenübermittlung, kein Sachwert. Erreicht er sein Ziel nicht, so fällt nicht der Verlust von Papier und Briefumschlag ins Gewicht, sondern der Verlust der Information: Aus der Informationseinbuße resultieren bei der nicht ordnungsgemäßen Briefbeförderung die eigentlichen Schäden des Postbenutzers. Sein Interesse, hierfür Ersatzleistungen zu erhalten, ist aber vom Integritätsinteresse als dem (Wert-)Erhaltungsinteresse durchaus zu unterscheiden. So gesehen besteht zwischen der Haftung z. B. für Pakete und dem Haftungsausschluß bei Briefsendungen kein Widerspruch: Schäden aus Informationseinbuße sind reine mittelbare Schäden, von deren Ersatz das PostG die Post durchgängig freigestellt hat.

Aber ungeachtet dieses Arguments bleibt der Widerspruch zwischen dem Prinzinp der Sachwerterhaltung durch Geldersatz und dem Haftungsausschluß des § 12 I bestehen. Dabei geht es weniger um den Fall, daß der Absender die Briefsendung „zweckentfremdet" und in einen normalen Umschlag statt einer Nachricht etwa einen Scheck oder einen Wechsel steckt, der dann bei der Beförderung verlorengeht; weitaus wichtiger sind die von der Postordnung vorgesehenen Versendungsformen, die die Beförderung von Sachen bezwecken, aber gleichwohl zu den gewöhnlichen Briefsendungen gehören. Mögen Drucksachen häufig durch ihren bloßen Informationswert gekennzeichnet sein[13], so ist bei Büchersendungen die Grenze zum Sachwert schon überschritten, und von einem Päckchen wird niemand ernstlich behaupten wollen, es diene der Nachrichtenübermittlung.

*b) Haftungsausschluß bei Postgut*

Unter Postgut versteht die Postordnung Pakete, die von einem zum Selbstbuchen zugelassenen Absender eingeliefert werden[14]. Daß Postgut einen wirtschaftlichen Wert repräsentiert, bedarf keiner näheren Begründung. Bis zum Inkrafttreten des neuen PostG haftete die Post hier denn auch für Verlust und Beschädigung. Freilich hatten sich Großeinlieferer schon damals in Verträgen mit der Deutschen Bundespost bereitgefunden, auf ihre Ersatzansprüche oder mindestens auf deren Geltendmachung zu verzichten[15], in der zutreffenden Erkenntnis, daß

---

[13] Beim Katalog eines Versandhauses verhält es sich schon anders: Er hat (auch) einen bezifferbaren Sachwert.
[14] Vgl. §§ 26, 43 PostO.
[15] Vgl. *Kämmerer-Eidemüller*, § 12 PostG Anm. 9. Der Verpflichtung, Ersatzansprüche nicht geltend zu machen, liegt die Auffassung zugrunde, daß ein Verzicht auf gesetzlich normierte Ansprüche gegen einen Träger öffentlicher Gewalt nicht zulässig sei. Das dürfte schwerlich zutreffen. Für die Grundrechte wird zwar angenommen, daß nur auf die Ausübung eines Grundrechts (quoad usum), nicht aber auf das Grundrecht selbst (quoad substantiam) verzichtet werden könne (vgl. *Maunz*, Deutsches Staatsrecht, 17. Aufl., München 1969, § 17

nur auf diese Weise bei der Einlieferung von Massensendungen die zeit- und kostenintensive Überprüfung der einzelnen Sendung wegfallen kann, auf der die Post bestehen muß, wenn sie für jedes einzelne Paket zu haften hat. Der generelle Haftungsausschluß ist also nur die Fortführung einer Entwicklung, die sich bereits unter der Geltung des alten Postgesetzes angebahnt hatte.

### c) Haftungsausschluß bei Postzeitungsgut

Nach § 17 haftet die Post im Postzeitungsdienst nicht für Schäden, die durch die nicht ordnungsgemäße Erfüllung ihrer Verpflichtungen gegenüber dem Benutzer entstehen. Die zur Beförderung im Postzeitungsdienst zugelassenen[16] Druckschriften sind nicht nur Informationsträger, sondern auch Sachwert; der Schaden des einliefernden Verlegers kann dabei leicht ein beträchtliches Ausmaß erreichen, wenn ganze Bündel von Zeitungen abhandengekommen oder beschädigt werden.

Daß für den beeinträchtigten Sachwert gleichwohl nicht gehaftet wird, ist vor allem auf Kostenerwägungen zurückzuführen. Die amtliche Begründung zum Regierungsentwurf hebt hervor, daß Postzeitungsgut zu Gebühren befördert wird, die weit unter den Selbstkosten der Post liegen[17]. Eine — wenn auch nur beschränkte — Haftung würde entweder die Benutzer dieses Postdienstes in nicht zu rechtfertigender Weise zusätzlich begünstigen oder hätte eine drastische Anhebung der Gebührensätze als unausweichliche Folge. Das Gesetz entschied sich zugunsten einer billigen Beförderung von Postzeitungsgut für die Beibehaltung des schon im alten Recht bestehenden Haftungsausschlusses. Die für die haftungsrechtliche Behandlung von Postgut herausgestellte Erwägung, daß die Post bei der Einlieferung von Massensendungen nur dann auf die zeit- und kostenintensive Überprüfung der einzelnen Sendung verzichten kann, wenn sie von der Haftung befreit ist, gilt hier in gleicher Weise.

### 2. Legitimation des Haftungsausschlusses

Gerade am Beispiel des Postguts wird deutlich, aus welchem Grund das Prinzip der Haftung für die Integrität des Beförderungsguts im Sachverkehr nicht uneingeschränkt realisiert worden ist. Wird ein Brief in den Kasten geworfen, ein Päckchen über den Schalter gereicht, werden

---

IV). Aber das muß keineswegs für andere einfachgesetzlich normierte subjektive öffentliche Rechte der Bürger gelten, wie die differenzierende Behandlung bei *Wolff*, Verwaltungsrecht I, § 43 IV, zeigt.

[16] Die Haftung wegen rechtswidriger Verweigerung der Zulassung zum Postzeitungsdienst ist durch § 17 nicht ausgeschlossen, vgl. dazu unten § 14 III 2 b sowie RegE S. 21 zu § 17.

[17] RegE S. 21 zu § 17.

Pakete (Zeitungen) als Post(zeitungs)gut ohne Einzelnachweis für jede(s) Paket (Zeitung) eingeliefert, so ist der die Haftung der Post konstituierende Vorgang, das Anvertrauen der Sendung, nicht verifizierbar. Bevor der Absender Ersatz für den Verlust erhält, muß feststehen, daß die Sendung überhaupt in den Verantwortungsbereich der Post gelangt ist; behauptet er die Beschädigung der Sendung, so muß die Möglichkeit ausgeschlossen sein, daß diese schon vor Einlieferung beschädigt war. Die erforderliche Klarheit verschafft der schriftliche Nachweis der Einlieferung. Wo er fehlt, soll eine Haftung der Post für Verlust und Beschädigung nicht in Betracht kommen[18]. Nun ließe sich einwenden, hier handele es sich um bloße Beweisprobleme: Könne der Absender Beweis dafür erbringen, daß die Sendung (unbeschädigt) eingeliefert worden sei, so fehle die Berechtigung, sein Integritätsinteresse am Sendungsinhalt unberücksichtigt zu lassen und ihm den Ersatz zu verweigern. Doch ist diese Erwägung nicht durchschlagend. Auch wenn die Zahl der Ersatzbegehren durch scharfe Anforderungen an die Beweislast des Postbenutzers relativ niedrig gehalten werden könnte, so ist doch nicht zu übersehen, daß angesichts der täglich anfallenden hohen Mengen an Briefen und Post(zeitungs)gut die Post unzumutbar belastet würde, wenn sie innerbetriebliche Nachforschungen anstellen müßte, ob die Angaben des Postbenutzers zutreffen. Ganz abgesehen davon, daß solche Ermittlungen fast immer fruchtlos sein werden und schon deshalb eine Belastung der Post mit Ersatzansprüchen stärksten Bedenken ausgesetzt ist, so ist eines sicher: Würde die Post bei Briefen und Post(zeitungs)gut für Verlust und Beschädigung haften, so hätte das zur Folge, daß die Post entweder unbegründete Ersatzansprüche nur deswegen erfüllt, weil sie sie nicht widerlegen kann, oder daß sie kosten- und personalintensive Überwachungsmaßnahmen trifft, um solche Ansprüche abwehren zu können. Beides ist gleich unerwünscht. Will man diese mißlichen Konsequenzen vermeiden, so muß man sich für die rigorose Lösung entscheiden, die Haftung hier ganz auszuschließen.

## § 6 Haftungsvoraussetzungen im Sachverkehr

Da die Haftung für Pakete, Wertsendungen und Reisegepäck deren Sachintegrität schützen will, beschränkt sich zwangsläufig die Verantwortlichkeit der Post. Sie haftet nicht für alle Leistungsstörungen, insbesondere nicht für verspätete Auslieferung, sondern nur für solche Beförderungsfehler, die den Wert der Sendung beeinträchtigen: für Verlust

---

[18] *Kohl*, DÖV 1968, 723 weist zutreffend auf den Sachzusammenhang zwischen Haftung und Sendungsnachweis hin.

und Beschädigung. Diese spezielle Verantwortlichkeit beginnt mit der Entgegennahme der Sendung in der vom Absender bestimmten Sendungsform und endet mit der Aushändigung an den Adressaten oder im Fall der Unzustellbarkeit mit der Rückgabe an den Absender.

## I. Verlust

### 1. Legaldefinition

Die Intention des Gesetzes verbietet, den Begriff der Verlusts in der Weise zu übernehmen, wie er im bürgerlichen Recht verwendet wird: als unfreiwilligen Besitzverlust ohne Zutun eines anderen[1]. In diesem Sinn wird eine Sendung der Post ohnehin kaum je verloren gehen. Das PostG stellt vielmehr — ebenso wie das Frachtrecht[2] — darauf ab, daß die Sendung „nach einer angemessenen Beförderungszeit nicht an den Empfänger ausgeliefert worden ist und ihr Verbleib nicht ermittelt werden kann", § 13 I. Diese Legaldefinition — der Rechtsnatur nach eine Fiktion — entspricht ganz der Auslegung, die Rechtsprechung und Literatur schon früher dem postrechtlichen Verlustbegriff gegeben hatten[3].

### 2. Abgrenzungsfragen

Unproblematisch ist nach der Gesetzesdefinition, daß eine Sendung dann verlorengegangen ist, wenn sie irgendwo im Betrieb steckenbleibt, zerstört oder von einem Postbediensteten gestohlen wird. So einfach liegt es freilich nicht überall.

#### a) Empfangslegitimation

Von nicht zu unterschätzender praktischer Bedeutung ist der Fall, daß die Sendung unrichtig zugestellt und vom nichtberechtigten Empfänger nicht an den berechtigten weitergeleitet wird[4]. Empfangsberechtigt ist freilich nicht nur der vom Absender benannte Adressat. Vielmehr haben die einschlägigen Benutzungsordnungen, die PostO und die PostreiseO, den Kreis der Empfangsberechtigten im Interesse einer möglichst schnellen und reibungslosen Abwicklung der Postbeförderung relativ weit ge-

---

[1] Statt aller *Staudinger-Berg*, § 965 Rdnr. 1. Daß dieser Begriff nicht der des Postrechts ist, wird mit Recht betont in BGH NJW 1968, 646 = DVBl. 1968, 179 = Archiv PF 1968, 238 m. Anm. *R. Schmidt*.
[2] Vgl. *Helm*, S. 95; *Schlegelberger-Geßler*, § 429 Rdnr. 3.
[3] BGH a.a.O.; *Aschenborn-Schneider*, § 6 Anm. 7 (S. 226 f.); *Niggl*, S. 285; *Scholz*, S. 649.
[4] Eine gute Zusammenstellung der praktisch wichtigsten Fälle findet sich bei *Niggl*, S. 285.

zogen. Die PostO gestattet neben der primär geschuldeten Aushändigung an den auf der Sendung bezeichneten Adressaten die Aushändigung an Ersatzempfänger[5]; im Postreisedienst darf Reisegepäck an jeden ausgehändigt werden, der den Gepäckschein vorweist[6]. Wird einem danach zum Empfang Legitimierten die Sendung oder das Reisegepäck ausgehändigt, so liegt ein Verlust nicht vor.

Der Befugnis, mit befreiender Wirkung den Beförderungsgegenstand einem Empfangslegitimierten zu übergeben, sind jedoch gewisse Grenzen gesetzt. Für den Postreisedienst muß angenommen werden, daß eine Pflicht zur Prüfung der materiellen Empfangsberechtigung besteht, wenn der Reisende den Verlust des Gepäckscheins gemeldet hat oder Zweifel an der Berechtigung des Gepäckscheininhabers sich aus sonstigen Gründen aufdrängen[7]. Hierbei sind an die Sorgfaltspflicht der Postbediensteten nicht zu niedrige Anforderungen zu stellen, da die Post zur Herausgabe des Reisegepäcks gegen Vorlage des Gepäckscheins zwar berechtigt, aber nicht verpflichtet ist[8].

Im Bereich der PostO hat die Aushändigung der Sendung an einen Ersatzempfänger keine befreiende Wirkung, wenn der Absender die eigenhändige Zustellung verlangt hatte, § 30 PostO: Gibt hier der Ersatzempfänger die Sendung nicht an den Adressaten weiter, so gilt sie als verlorengegangen, und die Post muß haften[9]. Abgesehen von diesem Sonderfall ist für eine Prüfungpflicht nur wenig Raum; sie käme lediglich noch dann in Betracht, wenn der Zusteller weiß, daß ein Ersatzempfänger in hohem Maße unzuverlässig ist[10].

*b) Täuschung über die Identität des Adressaten*

Schwierigkeiten bereitet ferner der Fall, daß jemand vorgibt, die auf der Sendung als Adressat genannte Person zu sein. Er beschäftigte in

---

[5] §§ 50, 51 PostO.
[6] § 7 I 3 PostreiseO.
[7] *Kämmerer-Eidenmüller*, PostreiseO § 7 Anm. 3; dagegen scheint *Scholz*, S. 744, der Ansicht zu sein, daß die Leistung an den Inhaber des Gepäckscheins stets befreiende Wirkung habe. Für den Gepäckschein der EVO spricht sich die heute wohl allgemeine Ansicht (vgl. *Goltermann-Krien*, EVO, § 29 Anm. 3; *Finger*, EVO, 3. Aufl. 1963, § 29 Anm. 4) für eine eingeschränkte Prüfungspflicht aus.
[8] § 7 I 3 PostreiseO.
[9] *Florian-Weigert*, PostO, § 30 Erl. 4.
[10] Dies wäre dann — entgegen § 12 VI — ein Fall, in dem eine Haftung der Post nur bei Verschulden der Postbediensteten in Betracht zu ziehen wäre, nicht anders übrigens als im Fall der Herausgabe von Reisegepäck an einen offensichtlich nicht berechtigten Gepäckscheininhaber. Im übrigen freilich ist bei der Ersatzzustellung für Verschuldenserwägungen kein Raum: Ist die Sendung einer Person ausgehändigt worden, die der Zusteller irrtümlich für einen Ersatzempfänger hielt, so gilt die Sendung auch dann als verlorengegangen, wenn gegen diesen ein Schuldvorwurf nicht erhoben werden kann, vgl. OLG Nürnberg *Schneider*, Postrecht Nr. 100.

der Vergangenheit mehrfach die Gerichte, und es ist anzunehmen, daß die Postpraxis immer wieder mit ihm konfrontiert werden wird. Es besteht kein Anlaß, hier von den in Rechtsprechung und Literatur zum alten Postrecht entwickelten Lösungen abzuweichen.

Im Grundsatz ist eine Sendung dann verlorengegangen, wenn sie jemandem ausgehändigt worden ist, der sich wahrheitswidrig als deren Adressat ausgab. Denn ohne das Täuschungsmanöver wäre die Sendung dem wahren Empfangsberechtigten zugestellt oder bei Unzustellbarkeit dem Absender zurückgeschickt worden. Das Auftreten unter falschem Namen ist aber dann posthaftungsrechtlich unschädlich, wenn der Pseudo-Empfänger bereits den Absender über seine Identität getäuscht hat, etwa um die von ihm bestellten Waren später nicht zu bezahlen und unerkannt untertauchen zu können. Das Risiko, das mit dem Versand an einen ihm persönlich nicht bekannten Adressaten verbunden ist, muß der Absender tragen. Auch wenn der Adressat dem zustellenden Postbediensteten gegenüber sich des falschen Namens bedient, um in den Besitz der Sendung zu kommen, ist diese gleichwohl demjenigen ausgehändigt worden, der sie nach den Vorstellungen des Absenders erhalten sollte[11]. Anders ist nur dann zu entscheiden, wenn die Post benutzungsrechtlich verpflichtet ist, die Identität des Empfängers besonders zu prüfen[12]. Wird diese Pflicht nicht erfüllt[13] oder legt der Pseudo-Empfänger gefälschte Ausweispapiere vor, so geht die Sendung durch Aushändigung an den Betrüger verloren. Ohne die Täuschung oder bei gehöriger Erfüllung der Prüfungspflicht wäre die Sendung bei der Post verblieben, wäre nicht zugestellt worden und hätte als unzustellbar dem Absender zurückgegeben werden können[14]. Auch wenn grundsätzlich dem Absender das Risiko des Empfängerbetrugs aufzubürden ist, so muß hier doch dem Umstand Rechnung getragen werden, daß ohne das Fehlverhalten der Post ein Schaden nicht entstanden wäre.

## II. Beschädigung

### 1. Legaldefinition

Auch der zweite für das Haftungsrecht des Sachverkehrs fundamentale Begriff, die Beschädigung, hat eine gesetzliche Definition erhal-

---

[11] LG Chemnitz Archiv PT 1923, 447; LG Königsberg Archiv PT 1925, 290 = *Schneider*, Postrecht Nr. 109; LG Hamburg Archiv PT 1937, 81 = *Schuster*, Postrecht Nr. 38; *Aschenborn-Schneider*, § 6 Anm. 11 (S. 229); *Niggl*, S. 287; eingehend zu diesem Problem *Fritz*, Archiv PT 1937, 64 ff.
[12] Treffend *Fritz* a.a.O. Eine solche Pflicht besteht etwa dann, wenn der Abholer einen Benachrichtigungsschein vorlegt (§ 52 III PostO); vgl. *Kämmerer-Eidenmüller* § 52 PostO Anm. 9; *Hammer-Lassig*, PostO § 52 Bem. 5.
[13] Vgl. den Fall LG Bielefeld Archiv PT 1931, 143 = *Schuster*, Postrecht Nr. 36.
[14] Hierauf stellt BGHZ 4, 287 = NJW 1952, 377 = Archiv PF 1952, 354 mit

ten: „Eine Sendung gilt als beschädigt, wenn der zu befördernde Gegenstand in seiner Beschaffenheit verändert wird und dadurch eine Wertminderung erfährt" (§ 13 III). Im Gleichklang mit § 13 I ist auch dies als Fiktion formuliert, obwohl die Legaldefinition mit dem natürlichen Begriff der Beschädigung durchaus übereinstimmt. Insoweit ist die Vorschrift nicht erläuterungsbedürftig.

### 2. Sachschäden bei überlanger Laufzeit der Sendung (Verspätungssachschäden)

Die Post haftet nicht dafür, daß eine Sendung dem Adressaten rechtzeitig, d. h. innerhalb der üblichen Laufzeit für eine Sendung nach Art der aufgegebenen, zugestellt wird — und zwar auch dann nicht, wenn der Absender eine beschleunigte Versendung bestimmt hat (Luftpost, Eilboten, Schnellpaket); Verzögerungsschäden gehen grundsätzlich zu seinen Lasten. Wenn freilich durch die verzögerte Beförderung der Sendungsinhalt wertmäßig beeinträchtigt ist, liegt zugleich eine Beschädigung vor, so daß die Post haften müßte. Beide Gesichtspunkte waren in § 6 III PostG 1871 sehr klar zum Ausdruck gebracht: „Für einen durch verzögerte Beförderung oder Bestellung der unter I. bezeichneten Gegenstände (sc. Briefe mit Wertangabe, Pakete mit oder ohne Wertangabe) entstandenen Schaden leistet die Postverwaltung nur dann Ersatz, wenn die Sache durch die verzögerte Beförderung oder Bestellung verdorben ist oder ihren Wert bleibend ganz oder teilweise verloren hat". Daß das neue PostG eine vergleichbare Bestimmung nicht mehr enthält, gestattet im Hinblick auf die Ersatzfähigkeit derartiger Schäden keinen Gegenschluß; § 6 III PostG 1871 wurde stets als eine Ausprägung des Prinzips der Haftung für Sachschäden angesehen[15]. Auch aus der Entstehungsgeschichte des PostG von 1969 läßt sich nachweisen, daß die Post zum Ersatz von Verspätungssachschäden verpflichtet sein sollte[16]. Inhaltlich bewendet es also dabei, daß die Post nach wie vor haften muß,

---

Recht ab: „Ohne diese weitere Täuschungshandlung (sc. Vorlage eines gefälschten Ausweises) hätte der Betrag gar nicht ausgezahlt werden können, sondern an die Klägerin zurückgezahlt werden müssen" (BGHZ a.a.O. S. 291 oben). Daß es hier um die Auszahlung einer Postanweisung ging, ist unerheblich: Die Probleme sind mit denen bei der Aushändigung von Sendungen identisch.

[15] *Aschenborn-Schneider*, § 6 Anm. 12; *Dambach-v. Grimm*, § 6 Anm. 15 (S. 83); *Niggl*, S. 290 ff.; *Scholz*, S. 653 f. will dagegen zwischen Beschädigung und dem durch Verzögerung entstandenen Schaden an der Sendung differenzieren.

[16] In seiner Stellungnahme zum RegE führt der Bundesrat aus: „Die derzeitige Fassung des Absatzes 1 (sc. des § 14) könnte in Einzelfällen Postbenutzern gegenüber Härten mit sich bringen. Insbesondere könnte dies bei der von der Bundesregierung vorgeschlagenen Fassung in den Fällen zutreffen, in denen eine verderbliche Sendung deswegen zu Schaden gekommen ist, weil ein Verschulden oder eine verzögerte Behandlung auf seiten der Post mit im Spiele war" (Anlage zum RegE, S. 29 sub 8. Hiergegen erhob die Bundesregierung keine Einwendungen [a.a.O., S. 31]).

wenn durch überlange Beförderung der Sendungsinhalt verdirbt oder auf andere Weise wertlos wird.

Die Anwendung dieser Grundsätze dürfte in der Praxis kaum zu Komplikationen führen. In der Regel wird es um reine Tatfragen gehen: ob der Sendungsinhalt bei hinreichend schneller Beförderung nicht verdorben wäre und ob überhaupt eine verzögerte Beförderung vorliegt. Denn von der Entscheidung dieser Fragen hängt es ab, ob die Post nach § 14 I von der Haftung befreit ist, weil die Beschädigung „überwiegend auf der natürlichen Beschaffenheit der Sendung beruht": Wäre der Schaden bei normaler Beförderungsdauer nicht eingetreten, so ist er überwiegend auf die Verzögerung zurückzuführen.

Schwierigkeiten bereitet lediglich der Fall, daß Wertpapiere, besonders Wechsel oder Schecks, die als Wertsendungen der Post zur Beförderung übergeben wurden[17], infolge der zu langen Laufzeit der Sendung verfallen, während sie bei Einhaltung der üblichen Laufzeit noch rechtzeitig hätten vorgelegt werden können. Wollte man als Beschädigung nur die stoffliche Veränderung des Beförderungsgegenstandes ansehen — was vom Wortsinn her naheliegt —, so wäre eine Ersatzpflicht zu verneinen; denn das Wertpapier hat sich äußerlich nicht verändert. Noch § 13 III in der Fassung des RegE definierte die Beschädigung in dieser Weise als stoffliche Veränderung. Doch der Postausschuß des Bundestages verwarf die Definition als zu eng und wählte — einer Anregung des Rechtsausschusses folgend — statt dessen den neutraleren Begriff der Beschaffenheitsveränderung[18]. Von Beschaffenheitsveränderung kann aber auch gesprochen werden, wenn ein Wertpapier, ohne sich stofflich zu verändern, seine Eigenschaft, Ansprüche zu verbriefen, durch Zeitablauf eingebüßt hat und nur noch ein Stück bedrucktes oder beschriebenes Papier ist[19]. Zur Unterstützung dieser Ansicht darf darauf hingewiesen werden, daß bereits die Motive zum preußischen Postgesetz von 1852 dieses Falls gedachten und einen ersatzfähigen Verspätungsschaden annahmen[20].

---

[17] Werden Wertpapiere als gewöhnliche Briefsendungen befördert, ist wegen § 12 I ohnehin jeglicher Ersatz ausgeschlossen.
[18] Schriftlicher Bericht, S. 6 zu § 13.
[19] Wie hier *Kämmerer-Eidenmüller*, § 13 PostG Anm. 6.
[20] „Insofern durch verzögerte Beförderung oder Bestellung die aufgegebene Sache verdorben ist, oder *(wie z. B. bei Staatspapieren, welche der Präklusion unterliegen)* ihren Wert ganz oder teilweise verloren hat, erscheint es angemessen, die Vertretung seitens der Postverwaltung zu übernehmen. Denn in Fällen dieser Art steht der eingetretene Schaden, eben, weil er sich an der aufgegebenen Sache selbst ereignet, in ganz gleichem Verhältnisse mit dem körperlichen Verluste oder der Beschädigung der Sache selbst" (zu § 10 II des Entwurfs) zitiert nach *Niggl*, S. 291.

## III. Schmälerung des Sendungsinhalts („Beraubung")

Die internationalen Postabkommen unterscheiden seit jeher zwischen Verlust (perte), Beraubung (spoliation) und Beschädigung (avarie) einer Sendung[21]. Demgegenüber beschränkt sich das PostG auf das Gegensatzpaar Verlust und Beschädigung. Da einerseits der vollständige oder teilweise Verlust des Sendungsinhalts keine Beschädigung im Sinn des § 13 III darstellt — der zu befördernde Gegenstand hat sich in seiner Beschaffenheit nicht verändert, sondern ist abhandengekommen —, andererseits das Ergebnis ganz untragbar wäre, bei Schmälerung des Sendungsinhalts keinen Ersatz zu gewähren, griff das Gesetz zu dem bewährten Mittel der Fiktion: „Als Beschädigung gilt auch die Schmälerung des Inhalts einer Sendung" (§ 13 IV 1).

Die Gleichstellung der Inhaltsschmälerung mit der Beschädigung scheint wenig sinnvoll[22]. Wird etwa der gesamte Inhalt einer Sendung gestohlen und dem Adressaten nur noch die Emballage zugestellt, so ist dies weit eher dem Fall gleichzuachten, daß die ganze Sendung gestohlen wird und damit im postrechtlichen Sinn verlorengeht[23]. Nun wäre es durchaus überflüssig, über die richtige systematische Zuordnung der Inhaltsschmälerung zu räsonieren, wenn die Post stets gleichermaßen für Verlust und Beschädigung haften müßte. Allein so verhält es sich nicht: Nach § 12 II wird nur für den Verlust eingeschriebener Briefsendungen gehaftet, nicht für ihre Beschädigung. Für die sachlich gleichartige Vorschrift des alten PostG wurde daher angenommen, daß ein Diebstahl des Sendungsinhalts die Post nicht haftpflichtig mache, sofern nur der Brief als solcher dem Adressaten zugestellt werde[24]. Da das neue PostG die Inhaltsschmälerung als Beschädigung fingiert, hätte sich an dieser Konsequenz nichts geändert. Immerhin half der Gesetzgeber mit einer Gegenfiktion: „Als Verlust der (sc. eingeschriebenen) Sendung gilt auch der Verlust des gesamten Inhalts", § 12 II 2. Das ist freilich nur eine teilweise Abhilfe. Befindet sich in der Sendung außer dem abhandengekommenen Gegenstand noch eine Nachricht des Absenders an den Adressaten und wird diese ausgeliefert, so ist nicht der gesamte Inhalt

---

[21] Vgl. Art. 39 § 1 Satz 1 Postpaketabkommen von Tokio vom 14. November 1969 (übernommen durch Gesetz vom 18. Mai 1971, BGBl. II 245, 341): „Les Administrations postales répondent de la perte, de la spoliation ou de l'avarie des colis sauf dans les cas prévus à l'article 40."
[22] Sie entspricht allerdings der zum alten PostG vertretenen h. M., etwa *Aschenborn-Schneider*, § 6 Anm. 12 (S. 229); *Niggl*, S. 290; *Scholz*, S. 652.
[23] In der amtlichen Begründung ist deutlich ausgesprochen, daß, wenn nur ein Teil der Sendung am Bestimmungsort zur Auslieferung gelangt, ein Teilverlust vorliege. Gleichwohl sei die haftungsrechtliche Behandlung der Inhaltsschmälerung als Beschädigung gerechtfertigt, weil dies der Praxis der Schadensabwicklung entspreche, RegE S. 19 zu § 13.
[24] *Aschenborn-Schneider*, § 6 Anm. 7 (S. 226); Anm. 12 (S. 229); bes. deutlich § 7 Anm. 1 (S. 241); *Scholz*, S. 652 mit Anm. 21; *Niggl*, S. 290.

verlorengegangen, weshalb der Ersatz zu versagen wäre. Man könnte sich nun damit beruhigen, daß die Haftung für eingeschriebene Sendungen in ihrer gegenwärtigen Form rechtspolitisch ohnehin durch keine vernünftige Erwägung zu rechtfertigen sei, so daß man sich über absonderliche Ergebnisse nicht zu wundern brauche. Den Vorzug vor dieser ironischen Resignation verdient jedoch der Versuch, den Anwendungsbereich einer offenbar unvernünftigen Vorschrift so eng wie möglich zu halten. Die Legitimation dafür, gegen den Gesetzeswortlaut zu entscheiden, gibt die eingangs hervorgehobene Sachwidrigkeit der gesetzgeberischen Fiktion. Im Interesse einer vernünftigen, auch für den Postbenutzer verständlichen Ersatzpraxis sollte daher der Teilverlust als Verlust und nicht als Beschädigung behandelt, d. h. mit 40 DM entschädigt werden[25].

### IV. Die Bedeutung des Verschuldens

#### 1. Die Regelung des § 12 VI

Die Haftung für den Verlust oder die Beschädigung von gewöhnlichen Paketen und Wertsendungen sowie die Haftung für den Verlust von Einschreibsendungen hängen nicht von einem Verschulden der mit der Beförderung befaßten Postbediensteten ab (§ 12 VI). Die Post muß für den rechtswidrigen Erfolg einstehen, ohne sich darauf berufen zu können, der Schaden wäre auch bei Beobachtung der im Verkehr erforderlichen Sorgfalt eingetreten[26].

Damit hat das PostG die Regelung des Gesetzes von 1871 beibehalten, welches schon durch die Abschnittsüberschrift „Garantie" deutlich machte, daß die Haftung der Reichspost verschuldensunabhängig sein sollte. Die Übernahme dieses Prinzips, das sich mit der sonst im PostG allenthalben zu spürenden Tendenz, die Post von Ersatzansprüchen freizuhalten, nicht recht vereinbaren lassen will, wird vom RegE damit erklärt, daß es zu den bewährten Grundsätzen der postalischen Haftungsregelung zähle und daß dadurch auch „die seit einigen Jahren von der

---

[25] Dies wäre nicht der einzige Fall, in dem einer verfehlten Fiktion der Gehorsam verweigert wird. Markantes Beispiel hierfür ist insbesondere die Rechtsprechung zu § 54 BGB, deren Entwicklung eindringlich bei *Boehmer*, Grundlagen der bürgerlichen Rechtsordnung, Zweites Buch, 2. Abteilung, Tübingen 1952, S. 167 ff., beschrieben ist.

[26] Auch bei Schadensverursachung infolge höherer Gewalt muß die Post demnach haften. Dieser gerade im Frachtrecht bedeutsame Haftungsausschlußgrund (vgl. *Helm*, S. 107 f. mit Hinweisen auf §§ 454 HGB; 82 I EVO; 34 a KVO und weitere Normen) spielt aber bei der Haftung im internationalen Postverkehr eine Rolle, etwa in Art. 40 § 2 Nr. 1 lit. a Postpaketabkommen von Tokio (vgl. oben Anm. 21).

## IV. Die Bedeutung des Verschuldens

Rechtslehre erhobene Forderung auf Schaffung einer verschuldensunabhängigen Risikohaftung des Staates unter Loslösung von den Voraussetzungen des § 839 BGB" im Bereich des Postrechts erfüllt werde[27].

Die Berufung auf die Rechtslehre ist zu pauschal und außerdem wenig schlüssig. Dort besteht nämlich durchaus keine Einigkeit über den Geltungsbereich einer verschuldensunabhängigen Staatshaftung. *Forsthoff* etwa fordert die Ergänzung des überkommenen Systems staatlicher Ersatzleistungen durch eine allgemeine Gefährdungshaftung, die aber auf individuelle und außergewöhnliche Gefahrenlagen beschränkt sein und im übrigen die an ein Verschulden des Amtsträgers geknüpfte Haftung des Staates nach Art. 34 GG i. V. m. § 839 BGB unberührt lassen soll[28]. Diese Lehre kann der RegE nicht gemeint haben: Wo im Postverkehr Gefahrenlagen bestehen, handelt es sich um generelle und durchaus nicht außergewöhnliche Risiken. Daneben sind aber — das ist einzuräumen — Vorstöße zu registrieren, von einem Verschulden des Amtsträgers gänzlich abzusehen und die Staatshaftung schlechthin als Rechtswidrigkeitshaftung zu begreifen[29]. Wenn aber der Gesetzgeber des PostG sich diese Ansicht zu eigen machen wollte, muß er sich fragen lassen, warum er ihr nur für die Pflichtverletzungen im Sachverkehr, nicht aber für andere Pflichtverletzungen gefolgt ist, für die nach wie vor nur bei Verschulden gehaftet wird.

Der wahre Grund für die Normierung einer verschuldensunabhängigen Haftung muß demnach ein anderer sein. Da die amtliche Begründung principaliter auf die bisherige Regelung verweist, wäre zu erwarten, daß die Motive zum Postgesetz von 1871 Aufschluß gewähren, welche Gründe damals den Anlaß zu einer verschuldensunabhängigen Haftung gegeben haben. Allein das ist nicht der Fall. Vielmehr muß man bis zu den Motiven zum Postgesetz für den Norddeutschen Bund von 1867 zurückgehen, dem unmittelbaren Vorbild des Postgesetzes von 1871. Hier nun wurde die „Garantie", d. h. die verschuldensunabhängige Ersatzpflicht, mit zwei Argumenten gerechtfertigt:

„Abgesehen davon, daß diese Garantie die unerläßliche Ergänzung zu dem Postzwange ist, beruht auch auf der Ausdehnung dieser Garantie, auf der Leichtigkeit, mit welcher dieselbe geltend gemacht werden kann, und auf dem Umstande, daß hier ein zweifellos solventer Garant geboten wird, der große Vorzug, welchen das Staats-Post-Institut vor anderen Transportanstalten hat und welcher demselben trotz freier Concurrenz immer noch vorwiegend alle

---

[27] RegE S. 18 f.
[28] Lehrbuch des Verwaltungsrechts, I. Band (Allgemeiner Teil), 9. Aufl., München 1966, § 18.
[29] Vgl. etwa *Leisner*, VVDStRL 20, 226; *Haas*, System der öffentlich-rechtlichen Entschädigungspflichten, Karlsruhe 1955, S. 60, 63 ff.; *ders.*, in Verhandlungen des 47. Deutschen Juristentages, Band II, Teil L, S. 37; *Bartlsperger* NJW 1968, 1700, 1703.

§ 6 Haftungsvoraussetzungen im Sachverkehr

Geld- und Werthsendungen und alle Päckereien, welche einen gewissen Umfang nicht übersteigen, zuführt[30]."

Es liegt auf der Hand, daß diese Gesichtspunkte heute keine Rechtfertigung der Garantiehaftung mehr abzugeben vermögen. Das Konkurrenzargument ist derzeit ohne Bedeutung. Daß in Zukunft private Unternehmer sich der Beförderung von Paketen zuwenden, ist zwar nicht auszuschließen, umso weniger, als sie sich auf den Verkehr zwischen den großen Städten konzentrieren können, bei dem das Beförderungsgut nicht mehrfach umgeschlagen zu werden braucht, was beträchtliche Kostenersparnisse zur Folge hat; ob diese Form der Paketbeförderung auch dem breiten Publikum zugänglich gemacht wird, ist allerdings sehr fraglich. Ebensowenig kann es überzeugen, daß die „Garantie" notwendiger Ausgleich für den Postzwang sei. Dem Postzwang unterlagen, dem Beförderungsvorbehalt unterliegen vor allem Briefsendungen. Für sie übernimmt die Post jedoch nur dann eine Haftung, wenn sie eingeschrieben oder mit Wertangabe versehen sind, nicht dagegen, wenn es sich um gewöhnliche Briefe handelt (§ 12 I). Vollends versagt diese Begründung bei der Haftung für Pakete und Wertpakete: Weder unterlagen sie dem Postzwang noch unterliegen sie dem Beförderungsvorbehalt.

Den tragenden Gedanken für die Beibehaltung der verschuldensunabhängigen Haftung verschweigt der RegE. Wie *Hellmich* und *Florian* schon Jahre zuvor dargelegt hatten[31], empfiehlt es sich — gerade unter betriebswirtschaftlichen Gesichtspunkten — nicht, bei Verlust oder Beschädigung von Sendungen das Ersatzverfahren mit Ermittlungen über ein Verschulden von Postbediensteten zu belasten. Da der Schaden an einer Postsendung erfahrungsgemäß auf die zumindest fahrlässige Behandlung durch einen Postbediensteten zurückzuführen sei, erfordere es einen nicht zu vertretenden Aufwand, für jeden Schadensfall zu untersuchen, ob ausnahmsweise ein Verschulden nicht vorliege. Nimmt man hinzu, daß die Rechtsprechung ohnehin im Bereich der Amtshaftungsansprüche erhebliche Anforderungen an die Sorgfaltspflicht des Beamten stellt und ein Amtshaftungsanspruch daher nur selten am fehlenden Verschulden des Amtsträgers scheitert[32], so wäre der praktische Nutzen einer Verschuldenshaftung bei den originären Haftungstatbeständen des PostG verschwindend gering, da die Gerichte hier den Postbediensteten kaum milder beurteilen würden als andere Amtsträger.

---

[30] Entwurf eines Gesetzes über das Postwesen des Norddeutschen Bundes, Stenographische Berichte über die Verhandlungen des Reichstages des Norddeutschen Bundes I. Legislatur-Periode Session 1867 (Anlagen zu den Verhandlungen des Reichstages), Actenstück Nr. 7, S. 32.
[31] Jahrbuch des Postwesens XI (1961), S. 106.
[32] *Soergel-Glaser*, § 839 Rdnr. 203 (kritisch); *Jaenicke*, Haftung des Staates, S. 98.

IV. Die Bedeutung des Verschuldens 49

Diese verwaltungs- und prozeßökonomischen Gründe erweisen die Regelung des § 12 VI als praktisch richtig und vernünftig.

**2. Die Rechtslage im Postreisedienst (§ 18 II)**

§ 18 II bestimmt lediglich, daß die Post für den Verlust oder die Beschädigung von Reisegepäck dem Fahrgast bis zur Höhe von 1000 DM, für den Verlust oder die Beschädigung von Kraftpostgut bis zur Höhe von 100 DM je Stück hafte, verschweigt sich aber zu der Frage, ob diese Haftung an ein Verschulden geknüpft ist. In Satz 2 wird zwar auf die für den Sachverkehr geltenden Vorschriften der §§ 13 und 14, nicht jedoch auf § 12 VI, der die Verschuldensunabhängigkeit der Posthaftung im Sachverkehr normiert, verwiesen.

Die Verweisung auf § 12 VI könnte deswegen unterblieben sein, weil sich die Haftung für Reisegepäck und Kraftpostgut nach den in § 18 I bezeichneten Haftungsnormen bestimmt (Amtshaftung, Haftung für Forderungsverletzung, Gefährdungshaftung nach dem StVG), was angesichts des Zusammenhangs der beiden Absätze in ein und derselben Vorschrift zumindest nicht abwegig erscheint. Dann würde die Post ohne Rücksicht auf ein Verschulden ihrer Bediensteten nur haften, wenn der Verlust oder die Beschädigung auf die besonderen Gefahren des Kraftfahrzeugverkehrs zurückzuführen, genauer, beim Betrieb eines Kraftfahrzeugs eingetreten ist. Würde dagegen ein Gepäckstück gestohlen, obwohl der zuständige Postbedienstete seiner Obhutspflicht vollen Umfangs nachgekommen ist, so könnte der Reisende keinen Schadensersatz verlangen: Der Schaden ist nicht „bei dem Betrieb eines Kraftfahrzeugs" (§ 7 StVG) entstanden; die Voraussetzungen der Amtshaftung oder der Haftung für Forderungsverletzung sind mangels Verschuldens nicht gegeben.

Dieses Ergebnis ist weder sinnvoll noch zwingend. Die Beförderung, die Obhut und die sorgfältige Behandlung von Reisegepäck oder Kraftpostgut ist vom Augenblick der Auflieferung an Sache der Post. Erst am Bestimmungsort wird es dem Reisenden oder dem Empfänger ausgehändigt. Damit ist die Situation des Postbenutzers die gleiche wie etwa beim Versand von Paketen. Muß hier die Post den Schaden ohne Exkulpationsmöglichkeit verantworten, weil er sich in dem von ihr beherrschten Gefahrenbereich ereignet hat, so darf für die Beförderung von Reisegepäck und Kraftpostgut im Postreisedienst nichts anderes gelten. Auch eine gesetzessystematische Interpretation gebietet nicht, die Haftung nach § 18 II als einen Unterfall der Haftung nach § 18 I anzusehen: Abs. 1 befaßt sich mit der Personenbeförderung, Abs. 2 mit der Sachgutbeförderung. Ist § 18 II demnach als eine im Verhältnis zu § 18 I selbständige Haftungsnorm zu qualifizieren, so darf der Umstand, daß die Verweisung auf § 12 VI offensichtlich vergessen worden ist, nicht den Weg zu einer sachgerechten Lösung versperren, zumal da die ratio der verschuldensunabhängigen Haftung — Vermeidung langwieriger, kostenträchtiger Suche nach dem Schuldigen — auch hier durchgreift. Die Haftung nach § 18 II ist also verschuldensunabhängig[33].

## § 7 Die Ersatzleistung im Sachverkehr

### I. Schadensersatz als Geldersatz

Für den Inhalt der Ersatzpflicht gilt nicht das allgemeine Schadensrecht der §§ 249 ff. BGB, die grundsätzlich auch für die Art des Ersatzes bei der Staatshaftung maßgebend sind[1]. Die Post ist bei Verlust oder Beschädigung einer Sendung nicht verpflichtet, „den Zustand herzustellen, der bestehen würde, wenn der zum Ersatz verpflichtende Umstand nicht eingetreten wäre". Diese Vorschrift (§ 249 Satz 1 BGB) findet im PostG, soweit es um den Sachverkehr geht, keine Parallele. Bei Verlust eines beförderten Gegenstandes kann der Postbenutzer nicht verlangen, daß ihm oder dem Adressaten ein gleichartiger und gleichwertiger Gegenstand verschafft wird; bei Beschädigung kann er nicht die Ausbesserung beanspruchen. Die Post schuldet vielmehr nur Geldersatz. Was im BGB als Ausnahme erscheint, ist hier zur Regel erhoben. Nicht anders ist die jeweilige gesetzliche Formulierung zu verstehen, die Post hafte „in Höhe des Schadens" auf einen bestimmten Betrag. Damit befindet sich das PostG in voller Übereinstimmung mit frachtrechtlichen Normen[2]. Sinn der Beschränkung auf Geldersatz ist hier wie dort, daß Unternehmen, die primär mit der Beförderung von Gütern befaßt sind, sich nicht um deren Wiederbeschaffung oder Reparatur kümmern sollen.

---

[33] Die Haftung für Reisegepäck nach §§ 31 I, 82 EVO ist ebenfalls verschuldesunabhängig (*Goltermann-Krien*, EVO, § 82 Anm. 1a); das dürfte ein weiteres Indiz für die Richtigkeit der hier vertretenen Ansicht sein: Das der Eisenbahn anvertraute Reisegepäck haftungsrechtlich anders zu behandeln als das der Post anvertraute, wäre kaum sinnvoll.
[1] Statt aller *Soergel-Glaser*, § 839 Rdnr. 216 ff. Freilich ist im Amtshaftungsrecht der Grundsatz der Naturalrestitution eingeschränkt, wenn und soweit die Wiederherstellung des status quo ante die Vornahme einer Amtshandlung erfordert: Die ordentlichen Gerichte, die über den Ersatzanspruch entscheiden, sind nicht befugt, die Behörde zu einer Amtshandlung zu verurteilen; das ist Sache der Verwaltungsgerichte (BGHZ 34, 99 [104]; *Soergel-Glaser* a.a.O. Rdnr. 217).
[2] Dazu *Helm*, S. 142 f.

## II. Der ersatzfähige Schaden

Die allgemeinen Grundsätze des Schadensersatzrechts sind noch in einer anderen Hinsicht durch die für den Sachverkehr geltende postrechtliche Spezialregelung verdrängt. Während die §§ 249 ff. BGB auf den Ersatz aller durch den „zum Ersatz verpflichtenden Umstand" verursachten Schäden abzielen, erlaubt das PostG nur, den unmittelbaren Schaden zu liquidieren. Ferner ist bei der Schadensberechnung nicht, wie im BGB, von der subjektiven, d. h. anhand der Rechtsverhältnisse des jeweils Geschädigten zu berechnenden Vermögenseinbuße auszugehen, sondern der Schaden berechnet sich nach objektiven Merkmalen.

### 1. Der unmittelbare Schaden

Der Haftungsregelung im Sachverkehr liegt die Unterscheidung von mittelbarem und unmittelbarem Schaden zugrunde: Nur der unmittelbare Schaden ist nach § 12 Abs. III und V ersatzfähig, mittelbare Schäden sind dagegen — wie schon nach dem alten Postgesetz[3] — vom Ersatz ausgeschlossen.

Dieses schillernde, in zahlreichen juristischen Begriffsbestimmungen und Abgrenzungen verwendete und stets mit wechselnden Inhalten versehene Unterscheidungsmerkmal „unmittelbar" muß für die speziellen Bedürfnisse des Postrechts konkretisiert werden.

Die Schadensersatzdogmatik des allgemeinen Schuldrechts erweist sich dabei als wenig hilfreich. Hier wird mit dem Begriffspaar „mittelbar — unmittelbar" zum einen das Verhältnis der einzelnen Schadensfolgen zur Schadensursache angesprochen: Mittelbar sind solche Schäden, die nicht allein durch die schädigende Handlung, sondern nur durch das Hinzutreten weiterer Ereignisse entstanden sind[4]. Sodann wird als unmittelbarer Schaden die Beeinträchtigung des von der schädigenden Handlung betroffenen Rechts aufgefaßt, als mittelbarer Schaden alle weitergehenden, auf die Schadenshandlung ursächlich zurückzuführenden Rechtseinbußen; die Vertreter dieser Unterscheidung erhoffen sich von ihr insbesondere eine Lösung des Problems der überholenden Kausalität[5]. Zum Teil wird der mittelbare Schaden schlechthin mit dem entgangenen Ge-

---
[3] § 12: „Eine weitere, als die in den §§ 8, 9, 10 und 11 nach Verschiedenheit der Fälle bestimmte Entschädigung wird von der Postverwaltung nicht geleistet; insbesondere findet gegen dieselbe ein Anspruch wegen eines durch den Verlust oder die Beschädigung einer Sendung entstandenen mittelbaren Schadens oder entgangenen Gewinns nicht statt."
[4] So etwa *Staudinger-Werner*, Rdnr. 12 vor § 249.
[5] Vgl. *Bydlinsky*, Probleme der Schadensverursachung nach deutschem und österreichischem Recht, Stuttgart 1964, S. 25 ff.; *Neuner*, AcP 133 (1931), 314; *Coing*, SJZ 1950, 866 ff.; *Larenz*, NJW 1950, 487 ff.; ders. VersR 1963, 8.

winn gleichgesetzt[6]. Besondere praktische Bedeutung hat die Unterscheidung im Werkvertragsrecht, wo es insbesondere wegen der Verjährung der Ersatzforderung darauf ankommt, ob der Schaden „unmittelbar" dem Werk anhaftet oder „mittelbar" das sonstige Vermögen betrifft[7].

Fragt man, wann nach dem PostG ein unmittelbarer Schaden gegeben ist, so ist von der Überlegung auszugehen, daß bei der Haftung das subjektive Interesse des Postbenutzers an der Erhaltung der Sache mit dem Gebot praktischer Vernunft koinzidiert, die Post nur für solche Schadensrisiken einstehen zu lassen, die in ihrem Verantwortungsbereich angesiedelt und daher für sie vermeidbar sind. Diese verschieden ausgerichteten Interessen decken sich in einer Hinsicht: Die Post weiß, daß sie die zur Beförderung angenommene Sache vor Verlust und Beschädigung zu schützen hat, und der Benutzer will, welche Zwecke er auch immer mit der Sache verfolgen mag, jedenfalls auch, daß diese erhalten bleibt. Nicht anders als im Frachtrecht, wo die gleiche Interessenlage anzutreffen ist, muß daher im Postrecht der unmittelbare Schaden als Sachschaden, als Schaden an der Substanz der der Post anvertrauten Sendung begriffen werden[8]. Die Auswirkungen des Sachschadens auf die vermögensrechtliche Gesamtposition des Absenders dagegen bleiben als mittelbarer Schaden, als Vermögensfolgeschaden außer Betracht[9].

Diese Erwägungen gelten in gleicher Weise für die Haftung bei Verlust oder Beschädigung von Reisegepäck und Kraftpostgut (§ 18 II). Angesichts der identischen Interessenlage bedarf es keiner eingehenden Begründung, daß trotz Fehlens einer ausdrücklichen gesetzlichen Regelung auch hier nur der unmittelbare Schaden zu ersetzen ist, weil es an jedem sachlichen Grund fehlt, hier die Haftung der Post zu erweitern und auch Vermögensfolgeschäden zu kompensieren[10].

---

[6] So etwa bei *Soergel - Reimer Schmidt*, §§ 249 - 253 Rdnr. 9.

[7] Vgl. BGHZ 35, 130 (132); *Larenz*, Lehrbuch des Schuldrechts II, 9. Aufl., München 1968, § 49 II b; die Unterscheidung wird aber auch kritisiert, etwa von *Soergel-Ballerstedt*, § 635 Rdnr. 9 ff.; *Esser*, Schuldrecht II, § 80 II 3 b.

[8] Für das Frachtrecht vgl. *Schlegelberger-Geßler*, § 430 Rdnr. 9; *Ratz* in RGRK-HGB, § 430 Anm. 4; *Helm*, S. 147 ff.

[9] Die Ähnlichkeit mit der werkvertragsrechtlichen Unterscheidung von Sachschaden und Vermögensfolgeschaden ist rein äußerlich.

[10] Die Richtigkeit dieser Interpretation läßt sich noch durch eine andere Erwägung belegen. § 18 II verweist wegen der Schadensberechnung auf § 13, wonach für den Ersatzanspruch der allgemeine Wert des beschädigten Gegenstands zugrundezulegen ist. Wo im Frachtrecht vergleichbare Berechnungsanweisungen begegnen (etwa § 430 I HGB, § 85 I EVO, §§ 658 f. HGB), werden sie überwiegend dahin ausgelegt, daß damit nicht nur ein bestimmter Schadensposten der zu ersetzenden Vermögensdifferenz gemeint ist, sondern der Wert des beschädigten Gegenstands den Ersatzanspruch nach oben hin begrenze, vgl. RGZ 96, 124/5; weitere Nachweise bei *Helm*, S. 145 Anm. 733. In Fällen dieser Art ist also auch ohne ausdrückliche gesetzliche Normierung nur der unmittelbare Schaden ersatzfähig.

## II. Der ersatzfähige Schaden

### 2. Schadensberechnung

Wie der unmittelbare Schaden zu berechnen ist, bestimmt § 13 V 1: unter Zugrundelegung des Werts, den die verlorengegangene oder beschädigte Sendung am Einlieferungsort zur Zeit der Einlieferung allgemein hatte. Diese Berechnungsanweisung gilt einheitlich für Pakete, Wertsendungen, Reisegepäck und Kraftpostgut[11] und entscheidet zugleich eine alte Kontroverse, ob nicht ähnlich wie in § 430 I 1 HGB der Wert am Ort der Ablieferung zum Zeitpunkt der Ablieferung maßgebend sei[12]. Die Entscheidung zugunsten des Einlieferungsorts wurde in der Erwägung getroffen, daß das Einlieferungspostamt für die Abwicklung des Schadensfalls zuständig ist[13]. Dies würde zwar auch dafür sprechen, auf den Wert zur Zeit der Bearbeitung des Schadensfalls abzustellen, der sich unter Umständen sehr viel leichter feststellen läßt als der Wert zur Zeit der Einlieferung. Doch wollte das Gesetz vermeiden, daß dem Absender zwischenzeitliche Wert- oder Kurssteigerungen zugutekommen.

Unter allgemeinem Wert ist der Wert zu verstehen, den eine Sache für jedermann hat. Das ist der Preis, den derjenige zahlen muß, der sich einen gleichartigen Gegenstand verschaffen will. Der gemeine Wert kann also mit dem Verkaufswert gleichgesetzt werden. Diese Auslegung entspricht der Interpretation des gemeinen Wertes im Handelsrecht[14] und im Steuerrecht[15]. Nicht maßgebend ist also der Anschaffungspreis, den der Absender gezahlt hat, auch nicht der Wiederbeschaffungspreis[16] und selbstverständlich nicht der individuelle Wert der Sache für den Absender[17].

---

[11] Das Postgesetz von 1871 unterschied noch zwischen „wirklich erlittenem Schaden" bei gewöhnlichen Paketen (§ 9) und dem gemeinen Wert bei Wertsendungen (§ 8 I).
[12] So *Dambach - v. Grimm*, § 9 Anm. 4 (S. 113); dagegen *Niggl*, S. 314 mit Anm. 4 (Einlieferungszeit, Einlieferungsort). Unentschieden *Aschenborn-Schneider*, § 9 Anm. 5 (S. 250 f.).
[13] RegE S. 19 zu § 13.
[14] RGZ 117, 131 (133); *Schlegelberger-Geßler*, § 430 Rdnr. 10; *Rundnagel*, Beförderungsgeschäfte, in: Ehrenbergs Handbuch des gesamten Handelsrechts, Band V/2, Leipzig 1915, S. 231; *Niggl*, S. 313 glaubt, die Legaldefinition des § 112 I 2 ALR übernehmen zu sollen („Der Nutzen, welchen die Sache einem jeden Besitzer gewähren kann, ist ihr gemeiner Werth").
[15] „Der gemeine Wert wird durch den Preis bestimmt, der im gewöhnlichen Geschäftsverkehr nach der Beschaffenheit des Wirtschaftsguts bei einer Veräußerung zu erzielen wäre. Dabei sind alle Umstände, die den Preis beeinflussen, zu berücksichtigen. Ungewöhnliche und persönliche Verhältnisse sind nicht zu berücksichtigen", heißt es in § 9 II BewertungsG.
[16] RGZ 117, 131 (133).
[17] So besonders RegE S. 19 zu § 13.

## a) Abstrakte Schadensberechnung

Daß das Gesetz in § 13 V 1 auf den allgemeinen Wert abstellt, also eine abstrakte Schadensberechnung vorschreibt, hat praktische Konsequenzen. Zum einen wird dadurch die Höhe des Ersatzanspruchs begrenzt: Liegt der individuelle Wert der Sendung für den Absender höher als der allgemeine Wert, wird der Mehrwert nicht ersetzt[18]. Der allgemeine Wert bezeichnet zum anderen aber auch den Mindestschaden, so daß Ersatz in dieser Höhe auch dann verlangt werden kann, wenn der individuelle Schaden niedriger ist. Soweit im Frachtrecht auf Maßstäbe wie den gemeinen Wert, den gemeinen Handelswert, den Börsen- oder Marktpreis abgehoben wird[19], versagt die h. M. in Rechtsprechung und Literatur dem Ersatzschuldner den Einwand, der Schaden des Absenders liege unter dem Wert eines der genannten Kriterien[20]. Auch § 13 V 1 läßt sich ohne weiteres dahin interpretieren, daß der allgemeine Wert schlechthin und ohne Rücksicht auf den konkreten Schaden zu ersetzen ist. Wo das Gesetz den Schaden objektiviert, bedarf es vielmehr besonderer Anhaltspunkte dafür, daß diese Objektivierung den Ersatzschuldner nur begünstigen, nicht auch gegebenenfalls belasten solle. Wäre die hier vertretene Auffassung unrichtig, so könnte dem Absender etwa entgegengehalten werden, er habe keinen Schaden erlitten, weil er nicht Eigentümer der verlorengegangenen oder beschädigten Sache sei. Dann würde die Post aus der fehlenden Identität von Absender und Eigentümer ganz ungerechtfertigte Vorteile ziehen. Denn der Eigentümer hat — anders als in vergleichbaren Fällen des bürgerlichen oder des Frachtrechts — keinen Schadensersatzanspruch gegen die Post. Das ergibt sich zwingend aus § 11 I, der die Haftung der Post für Schäden, die in Ausführung ihrer Dienstleistungen verursacht wurden, auf den Umfang beschränkt, der sich aus den Vorschriften des PostG ergibt[21]. Hat danach nur der Absender bei Verlust oder Beschädigung einer Sendung einen Ersatzanspruch, so muß er ihn auch dann geltend machen können, wenn er nicht deren Eigentümer ist.

Ist auf Grund des Prinzips der abstrakten Schadensberechnung der individuelle Schaden nicht zu berücksichtigen, so erledigt sich auch das Problem der Drittschadensliquidation im Zusammenhang mit § 447 BGB, der Regelung über den Versendungskauf. Die konkreten Rechtsbeziehungen des Absenders, die im Einzelfall die Entstehung eines Schadens als einer Vermögensdifferenz verhindern, etwa weil er trotz Zerstörung

---

[18] RegE a.a.O.
[19] z. B. § 430 I HGB; § 85 EVO; vgl. des weiteren *Helm*, S. 144.
[20] BGH LM Nr. 1 zu § 430 HGB; *Helm*, S. 145; *von Caemmerer*, ZHR 127, 251; Nachweise über ältere Rechtsprechung und Literatur bei *Rundnagel* a.a.O. S. 231 in Anm. 5.
[21] Zur Auslegung dieser Norm vgl. unten § 13.

der Kaufsache während des Transports vom Käufer Zahlung des Kaufpreises verlangen kann, sind unbeachtlich, wenn der Schädiger den abstrakt berechneten Schaden zu ersetzen hat. Mit Recht weist *von Caemmerer* darauf hin, daß das Problem der Drittschadensliquidation überhaupt nur dort auftaucht, wo eine konkrete Schadensberechnung aufgemacht wird[22]. Auch bei Schadensminderung durch Gefahrverlagerung muß also die Post den allgemeinen Wert des verlorengegangenen oder beschädigten Beförderungsguts ersetzen[23].

### b) *Schadensberechnung nach Fakturenwert*

Vom Grundsatz der Unbeachtlichkeit individueller schadensmindernder Faktoren macht freilich § 13 V 2 eine Ausnahme. Hat der Absender dem Empfänger für die zerstörte, beschädigte oder verlorengegangene Ware einen Preis berechnet, der unter dem allgemeinen Wert, d. h. dem Marktpreis liegt, so ist für den Ersatzanspruch der niedrigere Preis maßgebend. Die Norm stellt also ähnlich wie § 35 I Kraftverkehrsordnung auf den Rechnungs- oder Fakturenwert der Sendung ab[24].

Unabhängig davon, ob dieser Berechnungsmodus insgesamt den Interessen der Beteiligten gerecht wird, hat er jedenfalls einen Vorzug: Er kann das Ersatzverfahren entschieden vereinfachen, da Feststellungen über die Höhe des allgemeinen Werts, Handelswerts, Börsen- oder Marktpreises entbehrlich werden. Den verwaltungsökonomischen Effekt dieser Schadensberechnung macht das PostG freilich dadurch zunichte, daß es den Fakturenwert nur dann für erheblich erklärt, wenn er unter dem allgemeinen Wert liegt. Die mit der Prüfung der Ersatzforderung befaßte Behörde darf sich also nicht mit der Feststellung des Fakturenwerts begnügen, sondern muß in jedem Fall auch noch den allgemeinen Wert der verlorengegangenen oder beschädigten Sendung ermitteln.

---

[22] ZBernJV 100 (1964), 351.
[23] Der Vollständigkeit halber sei bemerkt, daß die Drittschadensliquidation beim Versendungskauf überhaupt nur dann zu einem Problem der Schadensberechnung werden kann, wenn man davon ausgeht, daß der Verkäufer Ersatz des ihm entstandenen Schadens verlangt, so etwa *von Caemmerer* a.a.O. S. 363. Demgegenüber konstruiert *Selb*, NJW 1964, 1768 die Drittschadensliquidation als Regreß des Käufers gegen den Schädiger dafür, daß er nach § 447 BGB trotz Verlust oder Beschädigung der gekauften Ware zur Zahlung des Kaufpreises verpflichtet bleibt. BGHZ 49, 356 (360) läßt offen, wessen Schaden hier geltend gemacht wird.
[24] Die Kraftverkehrsordnung (KVO) für den Güterfernverkehr mit Kraftfahrzeugen (Beförderungsbedingungen) wurde 1936 als Teil des Reichskraftwagentarifs vom 30. März 1936 erstellt; sie gilt als Rechtsverordnung weiter, vgl. *Helm*, S. 16. § 35 I 1 lautet: „Als Ersatzwert gilt bei den einzelnen Gütern der vom Verfügungsberechtigten nachzuweisende Fakturenwert zuzüglich aller Spesen und Kosten bis zum Bestimmungsort und zuzüglich des nachzuweisenden entgangenen Gewinnes bis höchstens 10 % des Fakturenwertes."

Statt das Ersatzverfahren rationell zu gestalten, wird durch diese Norm die Verwaltungsarbeit verdoppelt.

Die Heranziehung des Fakturenwerts rechtfertigt die amtliche Begründung zum RegE denn auch nur mit der Erwägung, dieser stelle den wahren Wert der Sendung für den Absender dar[25]. Aber das überzeugt nicht. Zunächst bleibt die Frage offen, warum der Fakturenwert nur dann zu berücksichtigen ist, wenn er unter dem allgemeinen Wert liegt. Soll der „wahre Wert für den Absender" ersetzt werden, so müßte der Rechnungswert auch dann maßgebend sein, wenn er den allgemeinen Wert übersteigt. Aber schon der Ansatz der genannten Erwägung ist zu kritisieren. Der Preis, den der Absender für die versendete Ware berechnet, ist als Kriterium für deren Wert und damit für den erlittenen Schaden überaus fragwürdig. Sicherlich kann der niedrige Preis darauf zurückzuführen sein, daß der Absender die versendete Ware besonders günstig unter Marktpreis einkaufen konnte. Hat er diesen Preisvorteil an seinen Kunden weitergegeben, würde er in der Tat einen unverdienten Gewinn erzielen, wenn ihm bei Verlust oder Beschädigung der (höherliegende) allgemeine Wert zu ersetzen wäre. Aber es gibt zahlreiche andere Gründe, die den Absender dazu veranlassen können, unter Marktpreis zu verkaufen: Er will Lagerbestände abbauen, durch Vorzugsangebote Kunden werben, leichtverderbliche Ware, die schnell umgesetzt werden muß, abstoßen und dergleichen mehr. Warum diese Dispositionen des Absenders der Post zugutekommen sollen, ist nicht erfindlich[26], jedenfalls solange nicht, als der Fakturenwert nicht schlechthin zum Berechnungsmaßstab gemacht ist.

Alles in allem handelt es sich bei § 13 V 2 um eine unnütze, in ihren Konsequenzen nicht hinreichend bedachte Norm, der man nur wünschen kann, daß sie nie praktische Bedeutung erlangen möge, wofür schon der Umstand sorgen wird, daß die Verwaltung im Regelfall den Fakturenwert als allgemeinen Wert behandeln wird, sofern das Gegenteil nicht offen zutage liegt.

---

[25] RegE S. 19 zu § 13.
[26] Wenn das gesetzgeberische Motiv richtig wäre, dann brauchte die Post für Geschenkpakete gar keinen Ersatz zu leisten: Wird der Ersatzanspruch gekürzt, wenn und weil der Absender dokumentiert, daß er für den Inhalt einer Sendung weniger erlösen will als den allgemeinen Wert, so wäre es nur konsequent, ihm einen Ersatzanspruch ganz zu versagen, wenn er sich ohne jedes Entgelt der verlorengegangenen oder beschädigten Sache entäußern wollte. Selbstverständlich wird kein vernünftiger Jurist diese Begründung sich zu eigen machen; das Ungenügen der im RegE genannten Motivation tritt damit aber nur um so deutlicher hervor.

## § 8 Die Inkassohaftung bei der Nachnahmesendung

Nach § 15 II haftet die Post für die Einziehung des Nachnahmebetrags, muß also dem Absender diesen Betrag auszahlen, wenn der zustellende Postbedienstete dem Empfänger eine Nachnahmesendung aushändigt, ohne den Nachnahmebetrag einzuziehen, und wenn der Absender das Geld nicht nachträglich auf andere Weise erlangt, etwa durch freiwillige Zahlung des Empfängers. Die Zuordnung dieser Haftung zum Geldübermittlungsdienst, mit dem sich § 15 im übrigen befaßt, ist systemwidrig. Die Inkassohaftung ist, anders als die Haftung für die Übermittlung des eingezogenen (!) Nachnahmebetrags, ein reines Problem des Sachverkehrs.

Das ändert nichts daran, daß § 15 II primo eine begrüßenswerte Änderung des Haftungsrechts darstellt. Zwar war die Haftung für die Einziehung des Nachnahmebetrags bereits 1912 in der Postordnung verankert worden[1]. Aber gegen sie wurde vor allem von Juristen aus dem Bundespostministerium der Vorwurf der Systemwidrigkeit erhoben[2], weshalb 1965 in der neuen PostO die Inkassohaftung ersatzlos wegfiel[3]. Diese Entscheidung hat das PostG wieder rückgängig gemacht; der Vorwurf der Systemwidrigkeit ist damit freilich erneut anhängig.

### I. Rechtfertigung der Haftung

Die Haftung nach § 15 II primo ist keine Erfolgshaftung in dem Sinn, daß jede Auslieferung ohne gleichzeitige Einziehung des Nachnahmebetrags die Post zur Zahlung des nicht eingezogenen Betrags verpflichte. Die Post haftet vielmehr nur dann, wenn durch die pflichtwidrige Auslieferung dem Absender ein Schaden entstanden ist, und auch dann nur bis zur Höhe des Nachnahmebetrags.

Schon dadurch, daß beim Absender ein Schaden vorliegen muß, können manche Fälle aus der Inkassohaftung herausgehalten werden, bei denen ein Ersatzanspruch sich in der Tat nicht rechtfertigen ließe. Nach § 32 I PostO kann der Absender von Briefen, Postkarten, Päckchen und Paketen ein Nachnahmeverlangen stellen. Wenn nun — was bei kaufmännischen Betrieben nicht selten geschieht — eine schlichte Zahlungs-

---

[1] Siehe oben § 2 II 3.
[2] *Hellmich-Florian*, Jahrbuch des Postwesens XI (1961), S. 111 ff.; ebenso schon früher *Scholz*, S. 675 Anm. 24.
[3] Dem geschädigten Postbenutzer stand freilich die Möglichkeit offen, den pflichtwidrig handelnden Bediensteten in Anspruch zu nehmen, was auch mehrfach geschah, vgl. das (unveröffentlichte) Urteil des OLG Hamburg vom 19. Dezember 1968 — 10 U 46/68, das die Haftung des Bediensteten jedoch auf Vorsatz und grobe Fahrlässigkeit beschränkte.

aufforderung als Nachnahmesendung verschickt wird, verpflichtet die Aushändigung des Briefs oder der Karte ohne Einziehung des Nachnahmebetrags die Post nicht zum Ersatz, da der Absender durch das pflichtwidrige Verhalten des Postbediensteten nicht geschädigt ist: Bei pflichtgemäßem Verhalten wären Brief oder Karte an ihn zurückgegangen, ohne daß er zu seinem Geld gekommen wäre, das er durch die Nachnahme einziehen lassen wollte; Brief oder Karte aber stellen keinen Vermögenswert dar.

Einen Schaden erleidet der Absender jedoch dann, wenn die pflichtwidrig ausgelieferte Sendung einen Sachwert repräsentiert. Daß in diesem Fall die Post den Nachnahmebetrag als Schadensersatz leisten muß, ist vollauf gerechtfertigt. Würde z. B. ein Paket einem Nichtberechtigten ausgehändigt, gälte es als verlorengegangen; der Absender wäre zu entschädigen. Beim Nachnahmepaket ist der Adressat allerdings empfangsberechtigt; darum ist für einen Anspruch wegen Verlusts der Sendung kein Raum. Doch muß der Absender einen Ausgleich dafür erhalten, daß die Sendung im benutzungsrechtlichen Sinn nicht als verloren gilt, sie ihm aber gleichwohl durch die weisungs- und pflichtwidrige Auslieferung entzogen und einem Empfänger ausgehändigt wurde, der sie nicht ohne vorweg zu erbringende Gegenleistung erhalten sollte. Diesen Ausgleich gewährt § 15 II primo und schützt damit das Werterhaltungsinteresse des Absenders. Insoweit kann von einer Systemwidrigkeit keine Rede sein.

Wird die Inkassohaftung als Ergänzung der Verlusthaftung aufgefaßt, so sind Zweifel am Sinn der Haftungsnorm danach nur noch insoweit zulässig, als die Post für die Einziehung möglicherweise auch dann haften muß, wenn sie im Fall des Verlusts der Sendung zum Schadenersatz nicht oder nur begrenzt verpflichtet ist. Die Widersprüchlichkeit, welche die gesetzgeberische Entscheidung hier aufweisen soll, ist denn auch die Hauptquelle der Kritik an der Inkassohaftung.

Geht ein Päckchen verloren, so erhält der Absender überhaupt keinen Schadensersatz (§ 12 I). Soll es sich anders verhalten, wenn das Päckchen ohne Einziehung des Nachnahmebetrags ausgehändigt wird? Beim Verlust eines Pakets kann der Absender keinesfalls mehr als 500 DM verlangen. Soll er mehr verlangen dürfen, wenn und weil der Nachnahmebetrag auf 700 DM lautet?

Diese Bedenken können jedoch nicht dazu führen, die Haftung für die Einziehung des Nachnahmebetrags schlechthin zu verwerfen. Sie wäre vielmehr auf die Sendungsarten zu beschränken, in denen bei Verlust der Sendung Ersatz geleistet werden müßte; innerhalb dieser Gruppe wäre sie zusätzlich den jeweiligen Haftungshöchstsummen zu unterwerfen. Doch ist diese Lösung nicht zwingend. Mit gleichem Recht ließe sich einwenden, daß etwa der Haftungsausschluß für gewöhnliche Briefsendungen, soweit er Sachwerte betrifft, seinerseits systemwidrig ist, wenn er auch im Ergebnis rechtspolitisch gerechtfertigt werden kann. Daher sollte es nicht beanstandet werden, wenn das Gesetz bei der Inkassohaftung das Prinzip der Haftung für die Integrität von Beförderungsgut voll verwirklicht. Jedenfalls genießt der Gesetzgeber Entscheidungsermessen, das er in § 15 II primo dahin ausgeübt hat, die Nichteinziehung des Nachnahmebetrags einschränkungslos zu sanktionieren.

## II. Haftungsvoraussetzungen

### 1. Der objektive Tatbestand

Die Anwendungsfälle der Inkassohaftung nach § 15 II primo sind einfach zu umschreiben. Die Post haftet, wenn eine Nachnahmesendung dem Adressaten ausgehändigt wird, ohne daß dieser Zug um Zug den verlangten Betrag zahlt[4], und wenn der Absender dadurch geschädigt wird. An einem Schaden fehlt es etwa dann, wenn der Adressat freiwillig die mit Nachnahme einzuziehende Geldsumme an den Absender zahlt oder wenn der Beförderungsgegenstand keinen Sachwert repräsentiert.

### 2. Verschuldensunabhängigkeit der Haftung

Das Gesetz schweigt zu der Frage, ob die Haftung für die Nichteinziehung des Nachnahmebetrags ein Verschulden des zustellenden Postbediensteten voraussetzt. Daraus, daß § 15 im übrigen nur Fälle verschuldensunabhängiger Haftung enthält, kann gar nichts geschlossen werden. Hier handelt es sich einheitlich um Erfüllungsansprüche im Geldübermittlungsdienst, so daß es schon an einem vergleichbaren Sachverhalt fehlt: Die Inkassohaftung ist Schadenshaftung, nicht Erfüllungshaftung. Die Verschuldensunabhängigkeit folgt jedoch aus dem Umstand, daß die Inkassohaftung eine Erscheinungsform der Verlusthaftung darstellt: Kommt es hier nicht darauf an, ob dem Zusteller ein Schuldvorwurf gemacht werden kann, wenn der die Sendung einer nicht zum Empfang berechtigten Person ausgehändigt hat[5], so kann es sich bei der Aushändigung an einen zahlungsunwilligen Adressaten nicht anders verhalten. Große praktische Bedeutung ist der Frage nicht beizumessen. Wird eine entsprechend gekennzeichnete Sendung dem Empfänger ohne Einziehung des Nachnahmebetrags ausgehändigt, handelt der Postbedienstete wohl immer schuldhaft. Ging die Kennzeichnung

---

[4] Die Zahlung von Falschgeld muß der Nichtzahlung gleichgestellt werden.
[5] Vgl. oben § 6 I 2, IV.

während des Transports verloren[6] oder wurde die Sendung entgegen den Weisungen des Absenders nicht als Nachnahmesendung gekennzeichnet, so ist in diesen Fällen eine schuldlose Pflichtverletzung ebenfalls nur schwer vorstellbar. Andererseits ist die Entscheidung dieser dogmatischen Frage nicht ganz ohne Wert, da es Fälle geben mag, in denen ein Verschulden zweifelhaft sein kann[7].

### III. Besonderheiten der Ersatzleistung

#### 1. Die Höhe der Ersatzleistung

Die Haftung für Sachschäden, die aus der unterlassenen Einziehung des Nachnahmebetrags herrühren, ist summenmäßig limitiert. Der Absender kann in keinem Fall mehr fordern als diesen Betrag, auch wenn der Wert des beförderten Gegenstands höher liegt, etwa weil mit der Nachnahme nur die Zahlung der ersten Kaufpreisrate verlangt wird. Diese Begrenzung ist leicht erklärlich: Der Absender, der mit der Angabe des Nachnahmebetrags dargetan hat, für welchen Preis er mit der Aushändigung der Sendung an den Empfänger einverstanden ist, kann durch die Gewährung von Schadensersatz nicht besser gestellt sein, als er bei pflichtmäßigem Verhalten der Post stünde; ähnlich wie bei der Haftung für Wertsendungen besteht hier ein Bereicherungsverbot[8]. Liegt der Wert des beförderten Gutes dagegen unter dem Nachnahmebetrag, so ist es nach der hier vertretenen Konzeption der Inkassohaftung nur konsequent, nicht den vollen Nachnahmebetrag auszukehren, sondern Ersatz nur in Höhe des Sachwerts zu leisten; ob dieser Fall überhaupt praktische Bedeutung erlangen kann, ist jedoch fraglich.

#### 2. Schadensersatz gegen Abtretung des Zahlungsanspruchs

§ 21 X der PostO von 1929 hatte ausdrücklich bestimmt, daß die Post zum Ersatz nur gegen Abtretung der Ansprüche des Absenders gegen den Empfänger verpflichtet sei[9]. Das PostG enthält keine solche Einschränkung der Ersatzpflicht. Sie läßt sich auch nicht durch eine analoge Anwendung des § 225 BGB gewinnen: Selbst wenn diese Norm im

---

[6] Dieser Fall ist in Art. 15 § 1 lit. b Postnachnahmeabkommen vom 14. November 1969, übernommen durch Bundesgesetz vom 18. Mai 1971 (BGBl. II, S. 245) angesprochen.
[7] Das OLG Hamburg erwog in seiner in Anm. 3 bezeichneten Entscheidung die Schuldlosigkeit eines Beamten, der zu der Zeit, als er die Sendung ohne Einziehung des Nachnahmebetrags an den Abholer herausgab, mit dem Sortieren von ca. 5 000 Sendungen befaßt war.
[8] Vgl. dazu oben § 5 I 2.
[9] Vgl. auch *Niggl*, S. 326.

## III. Besonderheiten der Ersatzleistung

öffentlichen Schadensersatzrecht entsprechend gelten sollte[10], könnte die Post nur die Abtretung des Herausgabeanspruchs verlangen[11]. Zunächst ist fraglich, ob der Absender gegen den Empfänger überhaupt noch einen Herausgabeanspruch und nicht lediglich einen Zahlungsanspruch hat. Entscheidend ist: Die Post will vom Empfänger nicht die gelieferte Ware, sondern den nicht gezahlten Nachnahmebetrag[12]. Aus diesem Grund hilft auch ein Bereicherungs- oder Erstattungsanspruch regelmäßig nicht weiter, sofern nicht der Anspruch sich in einen Wertersatzanspruch verwandelt hat (§ 818 II BGB)[13]. Trotz fehlenden Anhalts im Gesetz will es aber ganz selbstverständlich erscheinen, daß der Absender Ersatz nur gegen Abtretung seines Zahlungsanspruchs verlangen kann. Dürfte er, nachdem er die Post nach § 15 II primo in Anspruch genommen hat, vom Adressaten aufgrund des Vertrags die nochmalige Zahlung des mit dem Nachnahmebegehren verlangten Betrags fordern, würde er einen ungerechtfertigten Vorteil erzielen. Nähme man dagegen an, daß der Adressat diesem Zahlungsanspruch mit der Arglisteinrede begegnen könnte[14], so würde er unverdient von seiner Zahlungspflicht befreit. Solche Unzuträglichkeiten werden vermieden, wenn die Post die Abtretung des Zahlungsanspruchs verlangen kann. Als Rechtfertigung dieses Begehrens mag der von *Selb* entwickelte Grundsatz dienen, daß überall dort, wo „im Rahmen der Schadensberechnung die Leistung eines Schuldners einem anderen Schuldner zum Vorteil gereicht, nicht aber umgekehrt, dieser andere, falls er zuerst leistet, einen Anspruch darauf hat, daß ihm die Forderung gegen diesen einen abgetreten wird"[15].

---

[10] Zweifelnd BGH NJW 1960, 240 = LM Nr. 11 zu § 839 BGB (D); *Soergel-Reimer Schmidt*, § 255 Rdnr. 2.

[11] Die Sendung ist im Sinn des § 255 BGB verlorengegangen, da der Absender bei Nicht-Auslieferung den Besitz wiedererlangt hätte; Besitzverlust genügt aber für die Anwendung dieser Vorschrift, *Staudinger-Werner*, § 255 Rdnr. 3.

[12] Diese Konsequenz übersieht *Goltermann-Krien*, EVO, § 71 Anm. 9, wenn er die unmittelbare Anwendung des § 255 BGB für die Nachnahmesendung im Eisenbahnverkehrsrecht behauptet.

[13] *Soergel-Mühl*, § 812 Rdnr. 102 meinen, daß der unbefugte Empfänger nach Bereicherungsrecht zur Herausgabe des Erlangten verpflichtet ist; ob und inwieweit dies mit der öffentlich-rechtlichen Natur des Postbenutzungsverhältnisses vereinbar ist, muß bezweifelt werden, vgl. die wichtige Entscheidung BayVGH Archiv PF 1967, 209 ff.

[14] In diesem Sinn BGH NJW 1960, 240 = LM Nr. 11 zu § 839 BGB (D).

[15] *Selb*, Schadensberechnung und Regreßmethoden, Heidelberg 1963, S. 25.

## § 9 Der Schutz des Integritätsinteresses in den Gelddiensten

### I. Schutzformen

Wo die Post Geldgeschäfte betreibt — im Geldübermittlungsdienst, im Postscheck- und Postspardienst —, hat der Benutzer ein evidentes Interesse daran, daß sein der Post anvertrautes Geld bis zur bestimmungsgemäßen Verfügung wertmäßig erhalten bleibt. Im Geldübermittlungsdienst soll dem Empfänger der gleiche Betrag ausgezahlt werden, den der Absender eingezahlt hat; im Postscheck- und Postsparverkehr will der Benutzer über die seinem Konto gutgeschriebenen Beträge verfügen können, und nur auf Grund seines Auftrags soll die Post berechtigt sein, dieses Guthaben durch Überweisungen oder Auszahlungen zu mindern.

#### 1. Haftung auf Erfüllung

Eine Beeinträchtigung dieses Interesses durch ein Fehlverhalten der Post ist allerdings nicht ohne weiteres vorstellbar. Anders als im Sachverkehr kann das der Post anvertraute Geld nicht verlorengehen oder beschädigt werden. Der eingezahlte Betrag mag einer anderen Person als dem Empfänger ausgezahlt, der abgebuchte Betrag mag einem anderen Postscheckkonto als dem in der Überweisung bezeichneten gutgeschrieben, einem Nichtberechtigten mag Geld zu Lasten des Postsparguthabens und ohne befreiende Wirkung gegenüber dem Sparer ausgezahlt worden sein: Das Erhaltungsinteresse des Postbenutzers ist dadurch nicht betroffen, da ihm in allen diesen Fällen der Anspruch auf Erfüllung verbleibt, den er gegen die Post in Höhe des eingezahlten oder gutgeschriebenen Betrags erworben hat. Wenn er im Geldübermittlungsdienst die Post anweist (!), den von ihm eingezahlten Betrag dem in der Postanweisung genannten Empfänger auszuzahlen, so wird die Post von dieser Verpflichtung erst frei, wenn der Empfänger das Geld erhalten hat oder — bei Unzustellbarkeit — die Post es dem Absender zurückzahlt. Hat sie an einen nicht zum Empfang Legitimierten geleistet, so ist dies keine dem Absender gegenüber wirksame Erfüllung der Anweisung. Die Erfüllung ist ihr auch nicht unmöglich geworden — wie dies beim Verlust einer Sendung im Sachverkehr der Fall ist. Selbst wenn die Post den ausgezahlten Betrag beim Nichtberechtigten nicht zurückzuerlangen vermag, kann die angewiesene Summe dem Berechtigten nach wie vor ausgezahlt werden. Durch die unberechtigte Auszahlung hat sich zwar das Vermögen der Post vermindert; aber dadurch wird sie nicht befreit: Mangel an Geld hat der Schuldner stets zu vertreten[1]. Gleiches gilt mutatis mutandis für

---

[1] Vgl. *A. Blomeyer*, Allgemeines Schuldrecht, 4. Aufl., Berlin 1969, § 24 IV 2.

## I. Schutzformen

die Behandlung von Fehlüberweisungen im Postscheckdienst. Wenn schließlich im Postspardienst ohne befreiende Wirkung an einen Nichtberechtigten Zahlungen geleistet werden, so macht der Postsparer, der dies beanstandet und die „Auffüllung" seines Sparguthabens in Höhe der unberechtigten Auszahlung verlangt, ebenfalls einen Erfüllungsanspruch geltend: Er verlangt, daß sein Guthaben ihm weiterhin in Höhe der von ihm geleisteten Einlagen zur Verfügung gehalten und verzinst wird.

Wird das Integritätsinteresse des Postbenutzers in den Gelddiensten schon durch die Aufrechterhaltung von Erfüllungsansprüchen wirksam geschützt, so fragt sich zunächst, ob die entsprechenden Haftungsnormen — die §§ 15, 19 und 20 — hinter § 11 ihren richtigen systematischen Ort gefunden haben. Denn § 11 und die übrigen ihm folgenden Vorschriften befassen sich, wie sich aus § 11 I zweifelsfrei ergibt, mit der Haftung für Schäden, die aus nicht ordnungsgemäßer Erfüllung der postalischen Pflichten entstanden sind, nicht aber mit der schlichten Haftung auf Erfüllung, die sich genaugenommen schon aus § 8 I ergibt, wonach „jedermann ... Anspruch auf die Benutzung der Einrichtungen des Postwesens (hat), wenn die für die Inanspruchnahme der einzelnen Dienste in den Benutzungsverordnungen festgelegten Bedingungen erfüllt sind".

Die eigentlichen Bedenken, ob es den Vorschriften über die Haftung in den Gelddiensten um mehr oder um anderes geht als um die Normierung von Erfüllungsansprüchen, beginnen freilich erst, wenn man die Formulierungen der einzelnen Haftungsnormen miteinander vergleicht. Die eingangs entwickelte These, daß es in den Gelddiensten zum Schutz des Integritätsinteresses nur der Aufrechterhaltung von Erfüllungsansprüchen bedarf, läßt sich allein durch § 15 belegen. Hier heißt es deutlich: „Die Deutsche Bundespost haftet dem Absender dafür, daß ein Postanweisungs- oder Zahlkartenbetrag ordnungsgemäß ausgezahlt oder gutgeschrieben wird. Desgleichen haftet sie dem Postscheckteilnehmer dafür, daß ein Zahlungsanweisungsbetrag ordnungsgemäß ausgezahlt oder gutgeschrieben wird." Ergänzend ist dann noch in den Absätzen 2 und 3 die Haftung für die ordnungsgemäße Übermittlung des eingezogenen Nachnahmebetrags und der eingezogenen Wechselsumme geregelt — in allen diesen Fällen hat man es mit reiner Erfüllungshaftung zu tun[2]. Dagegen ist die Erfüllungshaftung für den Postscheckdienst überhaupt nicht erwähnt. In § 19 heißt es vielmehr: „Die Deutsche Bundespost haftet im Postscheckdienst *für Schäden*, die dem Postscheckteilnehmer durch die nicht ordnungsgemäße Ausführung seiner Aufträge (Über-

---

[2] Für den Vorgänger des § 15, den § 6 IV PostG 1871, war ebenfalls anerkannt, daß er eine Erfüllungsgarantie enthalte, vgl. aus letzter Zeit OVG Berlin Archiv PF 1968, 244.

weisungen, Schecks, Einziehungsaufträge) durch das Postscheckamt entstehen, entsprechend den allgemeinen gesetzlichen Vorschriften über die Haftung des Schuldners für die Erfüllung seiner Verbindlichkeiten". Unter wiederum anderen Voraussetzungen läßt § 20 Satz 1 die Post als Sparkasse haften: wenn „dem Postsparer durch die nicht ordnungsgemäße Erfüllung der Pflichten aus dem Postsparverhältnis" Schäden entstehen; von der Erfüllungshaftung ist auch hier nicht die Rede.

Mit alledem sind zwei Fragen aufgeworfen. Zweifelhaft ist zunächst, ob im Postscheck- und im Postspardienst die Erfüllungshaftung überhaupt einen Platz hat oder haben soll. Unabhängig davon, zu welchem Ergebnis man insoweit gelangt, ist alsdann zu untersuchen, was die §§ 19, 20 mit der Normierung einer Schadenshaftung bezwecken, insbesondere ob sie mehr als bloß das Integritätsinteresse des Benutzers schützen wollen.

Die Nichterwähnung der Erfüllungshaftung in § 19 ist allem Anschein nach auf ein Redaktionsversehen zurückzuführen, das sich auch auf § 20 ausgewirkt hat, der ersichtlich der Vorschrift des § 19 nachgebildet ist. § 19 sollte die Nachfolge des § 9 I 1 PostSchG antreten, wonach „die Postverwaltung... dem Kontoinhaber für die ordnungsgemäße Ausführung der bei dem Postscheckamt eingegangenen Aufträge nach den allgemeinen Vorschriften des bürgerlichen Rechtes über die Haftung des Schuldners für die Erfüllung seiner Verbindlichkeit" haftete. Diese Norm erfaßte ohne weiteres die Erfüllungshaftung, wobei dahingestellt bleiben kann, ob sie allein die Erfüllungshaftung (unter Ausschluß der Schadenshaftung im übrigen) garantierte. In der amtlichen Begründung zum Regierungsentwurf des neuen PostG, aus dem § 19 Satz 1 unverändert hervorging, hieß es zu dieser Vorschrift: „Satz 1 bestimmt in Übereinstimmung mit dem geltenden Recht (§ 9 Abs. 1 Satz 1 PostSchG), daß die Deutsche Bundespost für die ordnungsgemäße *Ausführung* der beim Postscheckamt eingegangenen Aufträge... haftet"[3]. Daß bereits im Regierungsentwurf § 19 Satz 1 nur von der Schadenshaftung handelte, war also ganz offenbar übersehen worden.

Ist es schon nach der Entstehungsgeschichte möglich und zulässig, § 19 — und in seinem Gefolge auch § 20 — berichtigend und erweiternd dahin auszulegen, daß sie (mindestens auch) die Erfüllungshaftung gewährleisten, so läßt sich die Notwendigkeit dieser Auslegung mit einer weiteren Erwägung begründen. Die „Haftungsansprüche", die nach § 26 II im ordentlichen Rechtsweg geltend gemacht werden müssen, sind ersichtlich die der §§ 11 ff. Wollte man nun annehmen, die Erfüllungsansprüche des Postscheckteilnehmers oder Postsparers seien nicht in den §§ 19, 20 (mit-)

---

[3] RegE S. 22; Hervorhebung vom Verf.

geregelt, so müßten, wenn es zu einem Streit darüber kommt, ob wirksam erfüllt worden ist oder nicht, auf Grund der Generalzuweisung des § 26 I die Verwaltungsgerichte entscheiden. Dieses Ergebnis ist nicht ernstlich diskutabel, vor allem wenn man bedenkt, daß ein Streit über die Wirksamkeit der Erfüllung im Geldübermittlungsdienst, wo die Interessen von Post und Postbenutzer vollkommen gleichgelagert sind, nach § 15 in Verbindung mit § 26 II vor den ordentlichen Gerichten verhandelt werden müßte.

### 2. Haftung auf Schadensersatz

Im übrigen scheint der Wortlaut des Gesetzes keinen Zweifel zuzulassen, daß in den §§ 19, 20 eine uneingeschränkte, nicht allein auf den Schutz des Integritätsinteresses ausgerichtete Schadenshaftung normiert ist. Das würde bedeuten, daß die Post für alle Schäden, die sich als Folge einer Pflichtverletzung darstellen, Ersatz leisten müßte, gleichgültig, welcher Art und wie hoch der Schaden ist. Daß auf diese Weise unkontrollierbare und unkalkulierbare Ersatzbegehren auf die Post zukommen, hat das Gesetz in einem wichtigen Punkt verhindert: Jeweils in Satz 2 bestimmen die §§ 19, 20, daß Verzugsschäden vom Ersatz ausgeschlossen sind. Hier wird das auch schon bei der Haftungsregelung für den Sachverkehr aufgezeigte Bestreben deutlich, die Haftung der Post auf solche Risiken einzugrenzen, die ihrer Kontrolle unterliegen, dagegen die Haftung dort auszuschließen, wo nicht nur das der Post anvertraute Rechtsgut beeinträchtigt ist, sondern weitere Rechtsgüter des Postbenutzers verletzt sind, auf deren Erhaltung die Post keinen Einfluß nehmen kann. Daß der Postbenutzer bei Pflichtverletzungen in den Gelddiensten Verzugsschäden erleidet, ist stets auf seine individuellen Vermögensdispositionen zurückzuführen. Es ist eine sicherlich nicht unvertretbare gesetzgeberische Wertung, ihn und nicht die Post mit den negativen Folgen zu belasten, wenn diese Dispositionen fehlschlagen. Diese Erwägung rechtfertigt es, den Ersatz von Folgeschäden im Postscheck- und Postsparkassendienst schlechthin auszuschließen, nicht nur den Ersatz von Verzugsschäden. Dann würde die Haftung in diesen Postdiensten auch mit der im Geldübermittlungsdienst übereinstimmen, wo der Erfüllungsgarantie nicht nur wertsichernde, sondern zugleich auch ersatzbegrenzende Bedeutung zukommt, da der Absender nur verlangen kann, daß mit dem eingezahlten Geld bestimmungsgemäß verfahren oder es ihm zurückgezahlt wird, während er mit Schadensersatzansprüchen ausgeschlossen ist.

Der Einwand, daß die hier vorgeschlagene Interpretation der §§ 19, 20 einseitig die gesetzlich nicht geregelte Erfüllungshaftung in den Vordergrund rücke und die Schadenshaftung gänzlich leerlaufen lasse, liegt bei alldem nicht fern. Er läßt sich jedoch widerlegen. Auch wenn die gesetzliche Regelung möglicherweise in ihr Gegenteil verkehrt ist, so findet dies seinen Grund in der Notwendigkeit, sachlich nicht zu rechtfertigende Widersprüche zwischen den einzelnen Haftungsnormen zu vermeiden. Solche Widersprüche würden sich, wollte man das Gesetz beim Wort nehmen, zwischen der Haftung im Geldübermittlungsdienst einerseits und der im Postscheck- und Postsparkassendienst andererseits ergeben. Darüber hinaus würden die haftungsrechtlichen Grundentscheidungen im Sachverkehr und in den beiden Gelddiensten divergieren: hier im Grundsatz uneingeschränkte Haftung für alle Schäden (freilich mit der wichtigen Ausnahme der Verzugsschäden), dort Haftung nur für solche Schäden, die sich als Beeinträchtigung des Integritätsinteresses darstellen. Es handelt sich also um nicht mehr als eine teleologisch und systematisch begründete Gesetzeskorrektur, von der zwar nur in besonderen Fällen Gebrauch gemacht werden darf, die aber methodisch nicht unzulässig ist[4]. Schließlich läuft die Normierung von Schadensersatzansprüchen auch nach der hier vertretenen Auslegung nicht gänzlich leer. Sie gewinnt praktische Bedeutung, wenn die Post, ohne vom Berechtigten hierzu beauftragt worden zu sein, über den ihr anvertrauten Geldbetrag zugunsten eines Nichtberechtigten verfügt hat und dieser Verfügung befreiende Wirkung zukommt. In einem solchen Fall ist die Geltendmachung von Erfüllungsansprüchen ausgeschlossen, gerade weil die Leistung an den Nichtberechtigten gegenüber dem Postbenutzer wirksam ist. Daß die Post durch eine Leistung an einen Nichtberechtigten gegenüber dem Berechtigten befreit wird, schließt jedoch nicht aus, daß gleichwohl eine Pflicht der Post bestanden haben kann, die Leistung zu unterlassen, weshalb die Post für eine Verletzung dieser Pflicht einzustehen hätte. Daß es insoweit um das Interesse des Postbenutzers an der Integrität des der Post anvertrauten Geldbetrags geht, liegt auf der Hand und macht die Gewährung von Schadensersatzansprüchen unbedenklich[5].

### II. Die Haftung für Auftragserfüllung

In den Gelddiensten haftet die Post auf Erfüllung, wenn und solange sie ihrer Pflicht zur Auszahlung oder Gutschrift noch nicht nachgekommen ist. Diese Pflicht beginnt bei Bareinzahlungen mit der Entgegennahme des Geldbetrags durch den Schalterbeamten, und zwar gleichermaßen im Geldübermittlungs-, im Postscheck- und im Postspardienst.

---

[4] Vgl. *Larenz*, Methodenlehre der Rechtswissenschaft, 2. Aufl. 1969, S. 374 ff.
[5] Wegen der Einzelheiten darf auf die unter IV zu gebende zusammenhängende Darstellung der Rechtsfolgen auftragloser Verfügungen verwiesen werden.

## II. Die Haftung für Auftragserfüllung

Bei Überweisungs- oder Zahlungsaufträgen des Postscheckteilnehmers beginnt sie mit dem Eingang des Auftrags beim Postscheckamt[6]. Im Postspardienst setzt die Pflicht zur Rückzahlung des Guthabens in der Regel mit der Vorlage des Sparbuchs am Schalter ein, es sei denn, daß — wie bei Kündigungen — die Einschaltung des Postsparkassenamts notwendig ist: Dann ist wie im Postscheckdienst der Eingang des Auftrags beim Postsparkassenamt entscheidend. Ganz unproblematisch sind hierbei die Fälle, in denen ein Zahlungs- oder Überweisungsauftrag nicht oder nicht vollständig ausgeführt wurde.

Der Überweisungsauftrag bleibt beim Postscheckamt stecken, die Kündigung wird beim Postsparkassenamt nicht bearbeitet; ein Postbediensteter unterdrückt eine Postanweisung, um die Unterschlagung einer entsprechenden Geldsumme vertuschen zu können; dem Empfänger einer Postanweisung wird Falschgeld ausgezahlt[7].

Nicht in gleicher Weise offenkundig ist dagegen die Entscheidung, wenn die Post den eingezahlten oder angewiesenen Geldbetrag einem Nichtberechtigten ausgezahlt oder gutgeschrieben hat. Eine ähnlich gelagerte Problematik begegnete schon bei der Erörterung der Haftung im Sachverkehr: Dort führt die Aushändigung der Sendung an einen zum Empfang nicht Legitimierten zu Schadensersatzansprüchen des Absenders, da die Sendung als verlorengegangen gilt. Wird in einem der dem Geldverkehr gewidmeten Postdienste ein Geldbetrag an einen Nichtberechtigten ausgezahlt oder läßt sich die zu seinen Gunsten erfolgte Gutschrift nicht mehr stornieren, so bleibt die Post dem Auftraggeber zur Erfüllung verpflichtet. Die für den Sachverkehr erörterte Frage, wer zum Empfang des Geldes oder der Gutschrift legitimiert ist und welche Folgen ein Identitätsirrtum nach sich zieht, stellt sich in gleicher Weise und ist nach den gleichen Grundsätzen zu beantworten wie dort. Wird der Geldbetrag einem anderen als dem Empfänger oder Ersatzempfänger ausgehändigt, so muß die Post auf jeden Fall einen neuen Erfüllungsversuch unternehmen[8]. Fehlvorstellungen über die Person des Zahlungsadressaten gehen zu Lasten des Auftraggebers, wenn bereits dieser über die Identität des Zahlungsempfängers getäuscht wurde; sie

---

[6] Diese Einschränkung war in § 9 I 1 Postscheckgesetz ausdrücklich erwähnt. Durch die Neuformulierung hat sich sachlich nichts geändert. § 19 Satz 1 stellt deutlich auf die Pflichtverletzung „durch das Postscheckamt" ab. § 19 Satz 3 bestimmt zusätzlich, daß Fehler „bei der Ausführung von Beförderungsleistungen außerhalb der Postscheckämter" nur nach Maßgabe des § 12 zum Ersatz verpflichten: Bei der Beförderung eines Auftrags durch gewöhnlichen Brief — also im Regelfall — ist die Post demnach nicht zum Ersatz verpflichtet.
[7] AG Minden Archiv PT 1937, 173.
[8] Auch hier stellt sich die Frage, ob der Leistung an einen Ersatzempfänger unter Umständen befreiende Wirkung zukommt, also auch dann, wenn dem zustellenden Postbediensteten die Unzuverlässigkeit des Ersatzempfängers bekannt war oder bekannt sein mußte; vgl. dazu oben § 6 I 2 a.

gehen zu Lasten der Post, wenn eine Pflicht zur Identitätsprüfung bestand und diese Pflicht entweder nicht erfüllt wurde oder der Betrüger falsche Ausweispapiere vorlegte. Zur Begründung dieser Lösungen kann auf die einschlägigen Ausführungen über die Haftung im Sachverkehr verwiesen werden[9].

### III. Ausschluß von Verzugsschadensersatz

#### 1. Die grundsätzliche Regelung

Da auch die Haftung im Gelddienst vom Prinzip der Werterhaltung beherrscht ist, folgt hieraus zwangsläufig, daß für Verzögerungsschäden nicht gehaftet wird. § 15 regelt für den Geldübermittlungsdienst nur die Erfüllungshaftung (die Haftung für die ordnungsgemäße *Auszahlung* oder *Übermittlung*) und schließt schon dadurch implicite die Verzugshaftung aus[10]. Für den Postscheck- und Postsparkassendienst ist sogar ausdrücklich bestimmt, daß die Post für die Rechtzeitigkeit ihrer Pflichterfüllung nicht haftet (§ 19 Satz 2, § 20 Satz 2).

Diese an den bisherigen Rechtszustand anknüpfende Entscheidung des Gesetzes ist für den Postbenutzer von weittragender Bedeutung. Sein Interesse gilt häufig weniger der Erhaltung des der Post anvertrauten Geldwerts als vielmehr dem Umstand, daß ihm oder einem vom ihm benannten Empfänger zu einem bestimmten Termin Geld zur Verfügung gestellt wird, insbesondere wenn er bei verspäteter Zahlung Vermögenseinbußen erleidet[11]. Der Haftungsausschluß wirkt sich aber nicht nur im Geldübermittlungsdienst und im Postscheckdienst aus. Er kann auch im Postspardienst relevant werden. Dabei dürfte der Fall, daß ein Postsparer Geld nicht in der von ihm gewünschten Höhe abheben kann, weil das betreffende Postamt nicht genügend liquide ist[12], noch die geringste Rolle spielen. Ihre eigentliche Tragweite gewinnt die Vorschrift erst bei der Kündigung und der Überweisung eines Betrags vom Post-

---

[9] Vgl. oben § 6 I 2.
[10] Dies entspricht dem bisherigen Rechtszustand. Es wurde nie bestritten, daß § 12 Abs. 4 PostG 1871 („Für die auf Postanweisungen eingezahlten Beträge leistet die Postverwaltung Garantie") einen Verzugsschadensersatz ausschloß; vgl. OLG Hamburg SeuffA 60, 94.
[11] Besonders gravierend etwa der Fall, daß bei nicht rechtzeitiger Zahlung einer Tilgungsrate der gesamte Hypothekenbetrag zur Zahlung fällig wird. Die Beispiele ließen sich beliebig vermehren.
[12] Ein solcher Fall kann sich leicht bei kleinen Postämtern ereignen. Dementsprechend heißt es in § 11 II PostSpO: „Stehen einem Postamt oder einer seiner Amtsstellen oder dem Landzusteller die erforderlichen Geldmittel nicht zur Verfügung, so wird gezahlt, sobald die Mittel beschafft sind."

### III. Ausschluß von Verzugsschadensersatz

scheckkonto auf ein Postsparbuch. Hier kann die Gutschriftanweisung, dort die Zahlungsanweisung dem Sparer mit Verspätung zugehen, weil beim Postsparkassenamt säumig gearbeitet wurde.

Der weitgehende Ausschluß der Verzugshaftung wird in der amtlichen Begründung durch den Hinweis auf die im Giroverkehr der Banken und Sparkassen geltenden Geschäftsbedingungen gerechtfertigt, die eine entsprechende Regelung enthielten und an denen die Haftung der Post zu orientieren sei[13]. In der Tat besteht kein Grund, den Postscheckteilnehmer, der für seine Aufträge ohnehin erheblich geringere Gebühren zahlen muß als ein Bankkunde[14], auch noch dadurch zu begünstigen, daß die Verzögerungsgefahr von der Post getragen wird. Freilich muß angemerkt werden, daß der Haftungsausschluß in den allgemeinen Geschäftsbedingungen der Banken und Sparkassen nicht so umfassend ist wie es die amtliche Begründung zum PostG behauptet. So ist eine unbeschränkte Haftung für den Fall vorgesehen, daß die Bank oder Sparkasse auf die Gefahr eines über den Zinsausfall hinausgehenden Schadens ausdrücklich aufmerksam gemacht worden ist[15]. Demgegenüber kommt dem Hinweis des Postscheckteilnehmers, der angewiesene Betrag sei bis zu einem bestimmten Termin abzubuchen, gutzuschreiben oder auszuzahlen, keine rechtliche Relevanz zu; sie ist allenfalls eine Bitte oder Anregung an das Postscheckamt.

#### 2. Ausnahmen

Immerhin ist der Haftungsausschluß nicht ausnahmslos durchgeführt: Im Postscheckdienst haftet die Post für die rechtzeitige Ausführung von Daueraufträgen (§ 19 Satz 2); im Postspardienst für die rechtzeitige Aufnahme eines verlorengegangenen Postsparbuchs in das Sperrverzeichnis (§ 20 Satz 2).

##### a) Die Scheinausnahme im Postspardienst

Die Haftung für die unterbliebene Aufnahme eines Postsparbuchs in das Sperrverzeichnis erweist sich bei näherem Hinblick nicht als Ausnahme, sondern als Bestätigung und Ausfluß des Prinzips, daß das Integritäts- oder Erhaltungsinteresse des Postsparers zu schützen sei. Das

---

[13] RegE S. 22 zu § 19. Das ist im Grundsatz richtig, vgl. Nr. 7 der Allgemeinen Geschäftsbedingungen der Banken i. d. F. vom 1. Januar 1969 *(Schütz,* Bankgeschäftliches Formularbuch, 18. Ausgabe, Köln 1969, S. 14). Ohne Bedeutung ist in diesem Zusammenhang, daß das beauftragte Kreditinstitut bei verzögerter Überweisung regelmäßig für den Zinsausfall aufkommt: Im Postscheckdienst werden die Guthaben nicht verzinst.
[14] Überweisungen von einem Postscheckkonto auf ein anderes sind sogar gebührenfrei.
[15] Vgl. vorstehend Anm. 13.

Sperrverzeichnis will verhindern, daß ein Unbefugter von dem verlorengegangenen Sparbuch Gebrauch macht, die Post mit befreiender Wirkung an ihn zahlt und dadurch das Guthaben des Sparers mindert. Dieser Schaden wird durch die Haftung nach § 20 Satz 2 kompensiert.

Soweit bisher das neue PostG Gegenstand literarischer Erörterungen war, wurde darauf hingewiesen, daß § 20 Satz 2 sich nur auf die unterbliebene, also nicht auf die bloß verspätete Aufnahme eines Postsparbuchs in das Sperrverzeichnis beziehe[16]. Das ist falsch. Denn bei dieser Auslegung käme es nie zu einer Haftung wegen unterbliebener Aufnahme in das Sperrverzeichnis, da diese ja stets noch nachgeholt werden kann. Der Schutzzweck des Gesetzes verlangt vielmehr folgende Interpretation: Bei der Prüfung, ob die unterbliebene Aufnahme zum Schadensersatz verpflichtet, ist darauf abzustellen, ob in der letzten Ausgabe des Sperrverzeichnisses, das vor der unberechtigten Abhebung erschien, noch ein Sperrvermerk aufgenommen werden konnte. Ist das zu bejahen und läßt sich ferner eine schuldhafte[17] Säumnis des Postsparkassenamts feststellen, so muß die Post für den Schaden aufkommen. Trifft der Auftrag dagegen erst so spät ein, daß er nicht mehr in das Verzeichnis aufgenommen werden konnte, dann allerdings besteht keine Ersatzpflicht.

#### b) Die echte Ausnahme im Postscheckdienst

Eine echte Ausnahme vom Prinzip des Haftungsausschlusses für Verzugsschäden bildet dagegen die Haftung für die rechtzeitige Ausführung eines Dauerauftrags. Die gesetzgeberische Entscheidung verdient Beifall. Für den Regelfall eines dem Postscheckamt erteilten Auftrags läßt sich durchaus die Ansicht vertreten, daß der Postbenutzer die Möglichkeit von Verzögerungen einkalkulieren muß und ihm deswegen der Haftungsausschluß für Verzugsschäden zugemutet werden kann. Bei einem Dauerauftrag ist dagegen dem Postscheckteilnehmer jede Möglichkeit genommen, auf die Ausführung des einzelnen Auftrags Einfluß zu nehmen. Daher ist es nur interessengerecht, wenn die Post das volle Risiko tragen soll, daß der Auftrag auch rechtzeitig ausgeführt wird.

#### 3. Zweifelsfragen

Die Reichweite des Haftungsausschlusses für Verzug ist zuweilen nur schwer zu bestimmen. Folgende Fälle mögen das illustrieren. Ein Sparer hat einen Betrag von DM 10 000 gekündigt; er erhält auf Grund eines Versehens (etwa ungenauen Lesens) der Kündigungsstelle beim Post-

---

[16] *Kämmerer-Eidenmüller*, PostG, § 20 Anm. 6.
[17] arg. § 20 Satz 1 PostG i. V. m. §§ 276, 278 BGB.

sparkassenamt nur eine Zahlungsanweisung über DM 1000; die restlichen DM 9000 werden ihm erst auf Mahnung angewiesen. Oder: Ein Sparer, der von seinem Postscheckkonto einen Betrag auf sein Postsparbuch überwiesen hatte, verlangt Zusendung der Gutschrift an eine andere als seine gewöhnliche Anschrift; diese Besonderheit wird übersehen, die Datenverarbeitungsanlage druckt daraufhin die gespeicherte Anschrift aus, der Sparer kann über den Betrag nicht an dem von ihm bestimmten Ort und zu der von ihm in Aussicht genommenen Zeit verfügen.

Hier deutet zunächst alles auf eine Schadensersatzpflicht der Post hin. Die Ausführung des Auftrags erfolgte offensichtlich rechtzeitig, wenngleich nicht ordnungsgemäß, so daß die Haftungsnorm des § 20 Satz 1 einschlägig zu sein scheint. Und doch ist gemäß § 20 Satz 2 der Ersatz zu versagen. Denn auch hier handelt es sich genaugenommen um einen Fall der nicht rechtzeitigen Erfüllung: Auf die Gegenvorstellungen des Sparers hin wird nämlich der Auftrag nunmehr richtig ausgeführt, freilich mit Verspätung. Auch vom Ergebnis her macht es keinen Unterschied, ob der Sparer sein Guthaben nicht verwerten kann, weil die Kündigung im Postsparkassenamt überhaupt nicht bearbeitet oder die Zahlungsanweisung an eine falsche Adresse geschickt wurde: Immer ist der Schaden nur dadurch entstanden, daß der Sparer über sein Guthaben nicht rechtzeitig in dem von ihm gewünschten Umfang verfügen konnte, die Post mit anderen Worten mit ihrer Rückzahlungspflicht in Verzug geraten ist. Seine Rechtfertigung findet dieses Ergebnis in dem eingangs herausgestellten Prinzip, daß die Haftung der Post nach § 20 dem Postsparer nur gewährleisten will, daß ihm das der Post anvertraute Geld wertmäßig erhalten bleibt. Dieses Prinzip wird aber in keiner Weise tangiert, wenn eine Zahlungsanweisung falsch ausgefüllt oder eine Gutschriftanweisung an die falsche Adresse gesandt wird.

## IV. Rechtsfolgen unberechtigter Verfügungen durch die Post

Wenn in einem der Postbankdienste die Post über das ihr vom Benutzer anvertraute Geld verfügt, ohne hierzu auf Grund eines Auftrags berechtigt zu sein, so erscheint es selbstverständlich, daß diese Eigenmächtigkeit allein von der Post zu vertreten ist und nicht zum Nachteil des Benutzers ausschlagen darf. Freilich gilt dies nur im Grundsatz. Insbesondere im Postscheck- und Postsparkassendienst begegnen Fälle, in denen auch die auftraglose Verfügung über das Guthaben dem Teilnehmer oder Sparer gegenüber wirksam ist.

### 1. Geldübermittlungsdienst

Am einfachsten liegen die Dinge im Geldübermittlungsdienst. Nach § 44 Abs. 1 Nr. 1 PostO kann der Absender einer Postanweisung verlangen, daß die Postanweisung an ihn zurückgegeben, d. h. der angewiesene Betrag nicht an den Empfänger ausgezahlt wird; er kann auch einen anderen als den ursprünglichen Empfänger benennen. Solange die Auszahlung noch nicht erfolgt ist, muß die Post den Auftragswiderruf — nichts anderes stellt das Rückgabeverlangen dar — beachten. Tut sie es nicht, hat sie den vom Empfänger eingezahlten Betrag diesem zurück- oder dem neu benannten Empfänger auszuzahlen. Gleiches muß gelten, wenn bei einer Zahlungsanweisung der Postscheckteilnehmer nach Abbuchung des Betrags von seinem Konto verlangt, daß die Auszahlung an den in der Zahlungsanweisung benannten Empfänger unterbleiben solle. Bei der Zahlkarte schließlich ist ein Widerruf des Einzahlenden solange zu beachten, als der eingezahlte Betrag noch nicht dem angegebenen Postscheckkonto gutgeschrieben ist. Hier geht es also stets nur darum, daß ein ursprünglich wirksam erteilter Auftrag nachträglich wegfällt.

**2. Postscheckdienst**

Im Postscheckdienst sind die Möglichkeiten auftragloser Kontenbelastung schon weitaus zahlreicher. Daß ein vor der Ausführung des Auftrags beim Postscheckamt eingegangener Widerruf zu beachten ist und der Postscheckteilnehmer eine gleichwohl erfolgende Abbuchung nicht gegen sich gelten lassen muß, ergibt sich schon aus der Zulassung des Auftragswiderrufs in § 23 PostSchO[18]. Gleiches gilt, wenn von seinem Konto Beträge zugunsten eines anderen Teilnehmers abgebucht werden, dessen Einziehungsvollmacht (§ 17 PostSchO) erloschen ist. In Fällen dieser Art kommt der Leistung der Post unter keinen Umständen befreiende Wirkung zu.

Anders verhält es sich bei der Auftragsfälschung. Der Grundsatz, daß der Postscheckteilnehmer Aufträge unberechtigter Dritter nicht gegen sich gelten lassen muß, ist stark eingeschränkt. Nach § 10 IV 2 PostSchO soll der Postscheckteilnehmer, der die ihm ausgehändigten amtlichen Formulare nicht sorgfältig verwahrt und beaufsichtigt, die Nachteile tragen, „die aus dem Verlust oder Mißbrauch entstehen, wenn er das Postscheckamt nicht so zeitig benachrichtigt, daß eine Überweisung oder Zahlung an einen Unberechtigten noch verhindert werden kann". Da Auftragsfälschungen in aller Regel mit unsorgfältiger Aufbewahrung oder Überwachung der Formblätter einhergehen, hat diese Vorschrift eine erhebliche praktische Bedeutung. Aber auch wenn im Fall des § 10 IV 2 PostSchO die auftraglose Guthabenminderung dem Teilnehmer ge-

---

[18] Wegen der Einzelheiten darf auf die Untersuchung von *Rost*, Zurücknahme und Widerruf im Postscheckverkehr, Archiv PT, 1932, 185 ff. verwiesen werden.

genüber wirksam ist[19], bedeutet dies nicht, daß dieser im Ergebnis den vollen Schaden zu tragen hätte. Er kann vielmehr geltend machen, daß die Fälschung infolge mangelnder Prüfung des Auftragsformulars durch das Postscheckamt nicht entdeckt wurde. Hier handelt es sich, worauf schon oben unter I 2 hingewiesen wurde, um einen Schadensersatzanspruch nach § 19 Satz 1. Das Postscheckamt ist dem Teilnehmer zu gewissenhafter Prüfung der eingereichten Aufträge verpflichtet; es muß insbesondere darauf achten, daß die Unterschrift der beim Postscheckamt hinterlegten Unterschriftsprobe entspricht und der Auftrag nicht nachträglich verändert worden ist (durch Radierungen oder sonstige Veränderungen des Textes). Daß die Pflicht der Post zur Echtheitsprüfung durch eine Regelung wie die des § 10 IV 2 PostSchO nicht beseitigt wird, hat bereits das Reichsgericht festgehalten[20]. Zu bemerken bleibt lediglich, daß der Schadensersatzanspruch wegen unterlassener oder unsorgfältiger Echtheitsprüfung regelmäßig nach § 254 BGB gemindert werden muß, weil der Postscheckteilnehmer durch die unsorgfältige Aufbewahrung der Formulare oder die verspätete Benachrichtigung des Postscheckamts den Schadenseintritt (mit)verursacht hat[21].

### 3. Postsparkassendienst

Im Postsparkassendienst tritt der Grundsatz, daß auftraglose Abbuchungen das Konto des Sparers unberührt lassen müssen, in Konkurrenz mit der Legitimationsfunktion des Postsparbuchs, die es ermöglichen soll, daß jeder, der Buch und Ausweiskarte vorlegt, Geld abheben kann. Hier drängt es sich geradezu auf, die für den Sparverkehr privater Kreditinstitute anhand von § 808 BGB entwickelten Lösungen zu übernehmen. Danach ist — wie es auch in § 5 III 1 PostSpO zum Ausdruck kommt — die Post berechtigt, mit befreiender Wirkung Rückzahlungen an jeden Vorleger des Postsparbuchs und der Ausweiskarte zu leisten. Wie die Befreiungswirkung im bürgerlichen Recht durch den Sparvertrag eingeschränkt wird, so sind ihr im Postsparkassenrecht durch die Normen

---

[19] Rechtssystematisch ist dies freilich nicht ganz bedenkenfrei, weil die Einschränkung der durch das PostG gewährleisteten Erfüllungshaftung nur in einer Rechtsverordnung, nicht in einem formellen (= Parlaments-) Gesetz normiert ist. Immerhin läßt sich argumentieren, daß das PostG nur garantiert, daß auf Erfüllung gehaftet wird, dagegen die Frage, wann eine Erfüllung vorliegt, der Regelung durch die Benutzungsordnungen vorbehält.
[20] RGZ 161, 174 (181) für die Vorgängerin der heutigen Postscheckordnung. Auch für Banken und sonstige Kreditinstitute wird angenommen, daß die Haftung der Bank für eine ordnungsmäßige und sorgfältige Prüfung der ihr vorgelegten Schecks nicht ausgeschlossen werden kann, *Baumbach-Hefermehl*, ScheckG, Art. 3, Rdnr. 8; *Schütz* a.a.O. S. 379 sub X.
[21] RGZ a.a.O.; ebenso OLG Hamburg Archiv PF 1965, 728 (734). Vgl. zum ganzen die ausführlichen Darlegungen von *Breithaupt*, Archiv PT 1930, 184 ff.

74  § 9 Der Schutz des Integritätsinteresses in den Gelddiensten

der PostSpO Grenzen gesetzt. Werden aus einem „Postsparbuch gegen Berechtigungsausweis", aus dem nur an den Postsparer selbst zurückgezahlt werden darf (§ 5 III 2 PostSpO), Zahlungen an Dritte geleistet, werden aus einem gewöhnlichen Postsparbuch an einem Tag mehr als 500 DM[22] oder mehr als eine Rückzahlung an eine andere Person als den Postsparer geleistet[23], werden unter Verzicht auf das durch § 12 I PostSpO festgelegte Kündigungserfordernis innerhalb von 30 Zinstagen mehr als 2 000 DM[24] an eine andere Person als den Postsparer ausgezahlt[25], so wird die Post insoweit nicht befreit: Beim Postsparbuch gegen Berechtigungsausweis braucht der Sparer Zahlungen an einen Nichtberechtigten überhaupt nicht gegen sich gelten zu lassen; der schlichte Sparer muß nur die einmalige Abhebung bis zum Höchstbetrag von 500 DM je Tag und bei mehrfacher Abhebung Zahlungen bis zu 2 000 DM in 30 Zinstagen gegen sich gelten lassen. Ferner ist in Anlehnung an das bürgerliche Recht einer Leistung die befreiende Wirkung dann zu versagen, wenn die fehlende Berechtigung des Vorlegers dem auszahlenden Postbediensteten bekannt war[26].

---

[22] Vor der Änderungsverordnung zur PostSpO vom 9. März 1972 (BGBl. I S. 425) betrug der Höchstbetrag 200 DM.

[23] Während das Verbot des § 12 II PostSpO, an eine andere Person als den Sparer mehr als 500 DM oder mehr als eine Rückzahlung pro Tag zu leisten, eindeutig den Schutz des Sparers anstrebt, so daß einer gleichwohl erfolgten Leistung die befreiende Wirkung ohne weiteres zu versagen ist, scheint dies bei der Regelung des § 12 I PostSpO, wonach innerhalb von 30 Zinstagen nicht mehr als 2 000 DM ohne Kündigung auszuzahlen sind, durchaus zweifelhaft: Es läßt sich hier auch die Meinung vertreten, daß damit nur die Post vor unvorhergesehenen Abhebungen gesichert werden soll. Immerhin läßt sich die Entscheidung, auch hier die Befreiungswirkung zu verneinen, sehr viel besser begründen als für den Sparverkehr der Kreditinstitute, für die BGHZ 42, 302 (305) = JZ 1965, 181 m. abl. Anm. *Flume* § 22 KWG bemühen muß: Im Postsparkassendienst ist die — sachlich dem § 22 KWG entsprechende — Vorschrift des § 12 I PostSpO wenigstens Teil der für das Postsparbenutzungsverhältnis einschlägigen Normen.

[24] Die Anhebung des ursprünglich auf 1 000 DM festgelegten Höchstbetrages wurde durch die Änderungsverordnung vom 9. März 1972 (BGBl. I S. 425) notwendig, nachdem durch Gesetz vom 23. 12. 1971 (BGBl. I S. 2139) § 22 KWG dahingehend geändert wurde, daß der Sparer bei Konten mit gesetzlicher Kündigungsfrist ohne vorherige Kündigung bis zu zweitausend Deutsche Mark zurückfordern könne. Insoweit hatte die Änderungsverordnung nur deklaratorische Bedeutung, weil die alte Regelung der PostSpO durch die Änderung des KWG aufgehoben wurde: Nach § 2 II KWG unterliegt die Deutsche Bundespost hinsichtlich des Postsparverkehrs ohnehin der Regelung des § 22 KWG.

[25] Strittig dürfte ferner sein, wie zu entscheiden ist, wenn vor Ablauf der vereinbarten Kündigungsfrist ausgezahlt wurde. BGHZ 28, 31 hat gegen den entschiedenen Widerspruch der Literatur (außer den Nachweisen in BGHZ 42, 302 [304] noch *Soergel-Lippisch*, § 808 Rdnr. 17) der Leistung die Befreiungswirkung abgesprochen; BGHZ 42, 302 (305) deutet demgegenüber an, daß an dieser Ansicht möglicherweise nicht festgehalten werde.

[26] Vgl. *Soergel-Lippisch*, § 808 Rdnr. 3, 16.

IV. Rechtsfolgen unberechtigter Verfügungen durch die Post 75

**4. Umfang der Haftung**

Damit, daß bei einer auftraglosen Verfügung die Post dem Benutzer den zu Unrecht ausgezahlten oder abgebuchten Betrag wieder zugänglich macht, ist ihm möglicherweise nicht vollauf gedient. Sein Interesse kann weiter gehen. Solange sein Konto durch die unberechtigte Abbuchung gemindert war, konnte er nicht in voller Höhe über sein Guthaben verfügen und dadurch Vermögenseinbußen erleiden, etwa weil er zur Begleichung von Schulden Kredit aufnehmen mußte, ein gewinnbringendes Geschäft ihm entging oder er das entbehrte Geld nicht verzinslich anlegen konnte.

Soweit sich das Begehren des Postbenutzers, die ungerechtfertigte Belastung rückgängig zu machen, als ein Erfüllungsanspruch darstellt, liegt schon in dieser Qualifizierung die Rechtfertigung einer Beschränkung des Ersatzanspruchs. Wie unter I 2 dargelegt wurde, schließt in den Postbankdiensten ein Erfüllungsanspruch Schadensersatzansprüche schlechthin aus[27]. Nur dort, wo die Auffüllung des Kontos als echter Schadensersatzanspruch geltendgemacht wird, kann sich die Frage stellen, ob außer der Kompensation für die auftraglose, aber dem Benutzer gegenüber wirksame Verfügung noch der Ersatz weitergehender Schäden verlangt werden kann. Aber auch das ist zu verneinen. Der Schaden geht letztlich darauf zurück, daß der Postbenutzer vorübergehend (nämlich bis zur Wiederauffüllung des Kontos) nicht in voller Höhe über sein Guthaben verfügen konnte, ist also — mindestens in einem weiteren Sinn — den Verzugsschäden zuzurechnen, deren Ersatz das Gesetz in den Gelddiensten ausdrücklich ausgeschlossen hat.

## § 10 Der Schutz des Integritätsinteresses im Postreisedienst

Wenn die Post im Postreisedienst für die Tötung oder Verletzung eines Reisenden sowie für Schäden an Sachen haftet, die der Reisende an sich trägt oder mit sich führt, ist — wie schon dargelegt — das Motiv dieser Regelung darin zu suchen, daß die Post während der Benutzung ihrer Fahrzeuge durch den Reisenden die Verantwortung für dessen körperliche Unversehrtheit trägt. Vor allem die Teilnahme am Straßenverkehr schafft für den Fahrgast Gefahrenmomente, und dieses erhöhte Risiko verlangt eine entsprechende haftungsrechtliche Sicherung.

---

[27] Daß im Postspardienst auch der Zinsverlust zu ersetzen ist, stellt keine willkürliche Ausnahme dar; zur Erfüllung gehört hier auch die Verzinsung des eingezahlten Gelds.

## I. Schutzobjekt der Haftung

Aus dieser Zweckbestimmung läßt sich unschwer erklären, daß das Gesetz nur bei Verletzung bestimmter Rechtsgüter Ersatz gewährt: wenn Leben, Gesundheit oder Eigentum des Reisenden beeinträchtigt sind. Hier obwaltet die gleiche Vorstellung, die bei der Haftung im Sachverkehr für die Begrenzung des Ersatzbetrags auf den unmittelbaren Schaden maßgebend war. Freilich ist der Begriff des unmittelbaren Schadens hier zu vermeiden; dadurch könnte das Mißverständnis entstehen, als sei der Anspruch eines mittelbar Geschädigten nach §§ 844, 845 BGB, die beim Schadensersatz wegen Amtspflichtverletzung anzuwenden sind[1], oder nach § 10 I 2, II StVG ausgeschlossen. Festzuhalten bleibt aber, daß Pflichtverletzungen, die Rechtsgüter beeinträchtigen, welche nicht in gleicher Weise der Post anvertraut sind wie Leben, Gesundheit oder Eigentum, von § 18 I nicht sanktioniert werden. Insbesondere wird nicht für die rechtzeitige Erfüllung der Beförderungspflicht gehaftet[2]; die systematische Ähnlichkeit mit der Haftung im Sachverkehr und in den Gelddiensten ist unverkennbar. Erwähnt sei ferner, daß für das Eisenbahnverkehrsrecht — also die Materie, mit der sich das Recht des Postreisedienstes am ehesten vergleichen läßt — ausdrücklich bestimmt ist, daß die verspätete Abfahrt oder Ankunft oder der Ausfall eines Zuges keinen Anspruch auf Entschädigung begründet (§ 23 I EVO). Nichts anderes gilt für den Ausfall oder die Verspätung eines Postreisebusses[3].

## II. Haftungsumfang

### 1. Einstandsbereich

§ 18 I enthält keine deutliche Aussage darüber, unter welchen Voraussetzungen die Verantwortlichkeit der Post für die Integrität des Reisenden und seines Handgepäcks eingreift. Nimmt man an, der Reisende solle lediglich gegen die Gefahren des Straßenverkehrs geschützt werden, so schuldet die Post nur Ersatz, wenn der Reisende bei einem Verkehrsunfall zu Schaden kommt. Die Änderungsverordnung von 1938

---

[1] Vgl. *Soergel-Glaser*, § 839 Rdnr. 32.
[2] arg. § 18 I i. V. mit § 11.
[3] Selbst die großzügige Regelung des eidgenössischen Postverkehrsgesetzes vom 2. Oktober 1924 (Eidgen. Gesetzsammlung 1925, 329), die unter bestimmten Voraussetzungen Verspätungsschäden für ersatzfähig erklärt (Art. 48 I), kommt ohne eine Begrenzung des Ersatzbetrags nicht aus, der noch dazu recht niedrig bemessen ist. Allerdings wird voller Ersatz geleistet, wenn die Verspätung durch grobes Verschulden der Organe der Postverwaltung entstanden ist (Art. 48 III).

zur Postordnung[4], die die Haftungsregelung des alten PostG ablöste, normierte in der Tat nur eine Ersatzpflicht für Schäden, die beim Betrieb eines Kraftfahrzeugs entstanden[5]. Aber schon die Postreiseordnung von 1964 vermied eine derartige Limitierung[6]. Da die Regelung des § 18 I von dem Grundgedanken getragen ist, daß der Reisende bei Inanspruchnahme des Postreisedients den gleichen haftungsrechtlichen Schutz genießen solle wie der Kunde eines privaten Beförderungsunternehmers[7], was vor allem die Verweisung auf das Schuldrecht des BGB zeigt, erscheint nur die Ansicht vertretbar, daß schlechthin jede Pflichtverletzung, die eines der in § 18 I genannten Rechtsgüter beeinträchtigt, zum Schadensersatzanspruch führen kann. Daraus folgt: Die Haftung der Post umfaßt die gesamte Reise, vom Betreten des Postomnibusses bis zum Verlassen, und erstreckt sich auch auf die Verletzung von Nebenpflichten, insbesondere von Sorgfaltspflichten.

### 2. Umfang des Schadensersatzes

Für die Beschädigung seiner Sachen[8] erhält der Reisende nie mehr als 1 000 DM Schadensersatz, gleichgültig nach welchen Normen der Ersatzanspruch zu beurteilen ist: Auch wenn den Postfahrer ein Verschulden an der Beschädigung trifft, ist die Ersatzbegrenzung zu respektieren. Das wirkt auf den ersten Blick wie ein Abrücken von dem für das Schadensersatzrecht grundlegenden Prinzip, daß derjenige, der schuldhaft einen anderen geschädigt hat, stets vollen Ersatz leisten muß. Im Grunde will das Gesetz aber nur erreichen, daß die Post nicht schärfer haftet als ein Privatunternehmer, der seine Haftung — für eigenes Verschulden oder für Verschulden seiner Erfüllungsgehilfen — vertraglich ausschließen kann und sogar muß[9], wobei er lediglich die in § 23 Personenbeförderungsgesetz[10] normierte Untergrenze von 1 000 DM nicht unterschreiten darf.

---

[4] Dazu oben § 2 II 3.
[5] § 65 PostO i. d. F. vom 6. Juli 1938.
[6] § 9 I PostreiseO vom 6. Juli 1964 (BGBl. I S. 445): „Die Post haftet im Postreisedienst für die Tötung oder Verletzung eines Fahrgastes und für Schäden an Sachen, die der Fahrgast an sich trägt oder mit sich führt, nach den allgemein geltenden Bestimmungen, jedoch für Sachschäden nur bis zum Höchstbetrag von 1000 Deutsche Mark." Daraus wurde zu Recht auf die Anwendbarkeit der Staatshaftungsnormen geschlossen, vgl. *Kämmerer-Eidenmüller*, § 9 PostreiseO Anm. 3.
[7] RegE S. 22 zu § 18.
[8] Auch hier dürfte das Gesetz den unmittelbaren Schaden gemeint haben, auch wenn dies nicht ausdrücklich ausgesprochen ist.
[9] Vgl. § 14 der Verordnung über die Allgemeinen Beförderungsbedingungen für den Straßenbahn- und Obusverkehr sowie den Linienverkehr mit Kraftfahrzeugen vom 27. Februar 1970 (BGBl. I S. 230); dazu *meine* Bemerkungen BB 1970, 1017 ff.
[10] § 23 I PBefG (*Sartorius* Nr. 950): „Der Unternehmer kann die ihm den beförderten Personen gegenüber obliegende Haftung für Personenschäden

Der Ersatz des Personenschadens ist nur dann limitiert, wenn der Reisende bei einem nicht durch Verschulden des Postbediensteten verursachten Verkehrsunfall getötet oder verletzt wird: Hier greifen nämlich die Höchstbeträge des StVG ein. Wirkte dagegen bei der Tötung oder Verletzung ein Verschulden von Postbediensteten mit, so haftet die Post auf Ersatz des vollen Schadens, wobei der Reisende unter der Voraussetzung des Amtshaftungsanspruchs auch Zahlung von Schmerzensgeld verlangen kann[11]. Daß bei Tötung des Reisenden auch mittelbar Geschädigte im Rahmen der §§ 844, 845 BGB und § 10 I 2, II StVG Ersatzansprüche gegen die Post geltend machen können, wurde bereits erwähnt.

## § 11 Die Haftung im Postauftragsdienst

### I. Abgrenzung der im Postauftragsdienst zu erfüllenden Pflichten

Wie schon einleitend herausgestellt wurde, findet die Haftung für Fehler bei der förmlichen Zustellung von Urkunden und bei der Erhebung des Wechselprotests ihre rechtspolitische Legitimation in dem Umstand, daß die Post hier Pflichten zu erfüllen hat, die außerhalb des normalen Postverkehrs liegen. Das unterscheidet sie von den besonderen Beförderungspflichten, für deren Erfüllung die Post nicht haftet.

Wenn die Post gegen entsprechende Gebühr die Pflicht übernimmt, eine Sendung mit Luftpost oder mit Eilboten zu befördern, so hat dies keine besonderen haftungsrechtlichen Konsequenzen. Erfüllt die Post diese Pflicht nicht, indem sie die Sendung beispielsweise wie eine gewöhnliche behandelt, so kann der Absender allenfalls Erstattung der sine causa geleisteten Gebühr verlangen. Schadensersatzansprüche dagegen bestehen nicht. Mit der Pflicht, eine besondere Versendungsform zu beobachten, hat die Post nicht zugleich die Garantie dafür übernommen, daß der damit bezweckte Erfolg — etwa die beschleunigte Beförderung — wirklich erreicht wird. Das Fehlen besonderer Haftungsnormen in diesen Fällen ist nicht etwa auf ein Versehen des Gesetzgebers zurückzuführen: Die amtliche Begründung zum RegE sprach deutlich aus, daß für besondere Versendungsformen nicht anders gehaftet

---

nicht ausschließen. Die Haftung für Sachschäden darf gegenüber jeder beförderten Person nur insoweit ausgeschlossen werden, als der Schaden 1000 Deutsche Mark übersteigt."
[11] Vgl. *Soergel-Glaser*, § 839 Rdnr. 32 m. Nachw.

werden solle als für gewöhnliche. Der Haftungsausschluß bei Briefsendungen erstreckt sich demnach auch auf Luftpost- oder Eilbriefe; ebenso findet bei Schnellpaketen ein Ersatz des Verzögerungsschadens nicht statt[1].

Das Prinzip, daß für die Erfüllung besonderer Beförderungspflichten nicht anders gehaftet wird als für gewöhnliche Sendungen, ist auch im Fall der Nachnahmesendung nicht durchbrochen. Für die Einziehung des Nachnahmebetrags wird nicht gehaftet, weil es sich um eine besondere Beförderungspflicht handelt. Vielmehr stellt, wie schon gesagt[2], die Inkassohaftung nur eine besondere Ausprägung der allgemeinen Sachhaftung dar: Da die Sendung an den Adressaten ausgehändigt wurde, gilt sie nicht als verlorengegangen; gleichwohl war der Absender mit einer Aushändigung an den Adressaten ohne Zahlung des Nachnahmebetrages nicht einverstanden, so daß aus seiner Sicht die Aushändigung der Sendung sich nicht von der an einen Nichtberechtigten unterscheidet, die zur Verlusthaftung der Post führt. Kann die Inkassohaftung danach als eine sublimierte Form der Verlusthaftung angesehen werden, so ist das gesetzgeberische Prinzip, daß die Erfüllung besonderer Beförderungspflichten keinen besonderen Haftungsschutz genießen soll, voll gewahrt. Mit der Haftung im Postauftragsdienst weist die Inkassohaftung keine Verwandtschaft auf.

## II. Erscheinungsformen

### 1. Förmliche Zustellung

Die Einleitung, der Fortgang und die Beendigung eines gerichtlichen Verfahrens können davon abhängen, daß den Prozeßbeteiligten Urkunden, welche das Verfahren betreffen, zugestellt werden[3]. Die Prozeßgesetze haben deswegen für das Verfahren der Zustellung die Beobachtung besonderer Förmlichkeiten vorgeschrieben, damit festgestellt werden kann, ob eine Urkunde dem Empfänger zugegangen ist. Wird die Post mit der Zustellung von Urkunden beauftragt, so hat sie nicht nur die zuzustellenden Urkunden zu befördern und dem Empfänger auszu-

---

[1] Nur beim Verzögerungs*sach*schaden erlangt die Pflicht zu beschleunigter Beförderung haftungsrechtliche Relevanz, da sie den Schluß rechtfertigt, daß bei ordnungsgemäßer Behandlung der Sendung der Sendungsinhalt nicht verdorben wäre; vgl. dazu oben § 6 II 2.
[2] Oben § 8.
[3] § 253 I (Klagerhebung), §§ 261 b II 1, 329 III 1 (Zustellung von Schriftsätzen und Beschlüssen); §§ 317, 516, 552 (Urteilszustellung) ZPO. Auch im Verwaltungs- und Verwaltungsgerichtsverfahren kommt der Zustellung große Bedeutung zu: § 56 VwGO, § 13 VwVG i. V. m. §§ 3 ff. VwZG.

händigen; der zustellende Postbedienstete muß vielmehr nach Maßgabe der Prozeßgesetze zusätzlich eine Urkunde über den Zustellungsakt aufnehmen (§ 190 ZPO; den notwendigen Inhalt der Zustellungsurkunde umreißt § 191 ZPO).

Verfahrensfehler bei der Zustellung von Urkunden können dem Auftraggeber wie dem Zustellungsempfänger beträchtlichen Schaden zufügen.

Da der Zustellungsbeamte die Zustellungsurkunde nicht unterschrieben hatte, war der ablehnende Bescheid der Entschädigungsbehörde nicht wirksam zugestellt und die Frist zur Klagerhebung nach § 210 Abs. 2 BEG nicht in Lauf gesetzt; daher war die Klage nicht verspätet, so daß der Landesfiskus zur Zahlung der Entschädigung verurteilt wurde; bei formgerechter Zustellung wäre die Klage unzulässig gewesen[4]. — Der Zustellungsbeamte hatte zu Unrecht beurkundet, die Niederlegung der zuzustellenden Terminsanberaumung bei der Postanstalt gemäß § 182 ZPO dem Adressaten schriftlich mitgeteilt zu haben; da der Zustellungsempfänger vom Termin keine Kenntnis erlangt hatte, erging gegen ihn Versäumnisurteil, dessen Kosten er zu tragen hatte[5].

Das Gesetz trägt dem in § 16 I Rechnung, indem es die Post dem Auftraggeber oder[6] Zustellungsempfänger für Schäden haften läßt, die „bei der Durchführung der förmlichen Zustellung entstehen". Es weicht hierbei sogar von dem Grundsatz ab, daß nur demjenigen Schadensersatzansprüche zugebilligt werden, der als Postbenutzer die Dienste der Post in Anspruch genommen hat. Die Ausnahme ist durchaus angebracht: Die Amtspflicht zu ordnungsgemäßer Zustellung besteht nicht nur gegenüber dem Auftraggeber, sondern auch gegenüber dem Empfänger. Beide sind nämlich den Gefahren, die sich aus fehlerhafter Zustellung ergeben, in gleicher Weise ausgesetzt.

*a) Haftungsvoraussetzungen*

Die Beschränkung des Ersatzes auf Schäden, die bei der Durchführung der förmlichen Zustellung entstehen, stellt nicht auf bestimmte Schadensarten im Sinne des allgemeinen Schadensersatzrechts, sondern auf die Schadensentstehung ab. Sie will den Kreis der Schadensursachen eingrenzen und verhindern, daß die Post für jede Pflichtverletzung im Zusammenhang mit der Behandlung von Postaufträgen verantwortlich gemacht werden kann.

---

[4] BGH MDR 1961, 583 = Archiv PF 1962, 105 m. Anm. *R. Schmidt*. In der Entscheidung ging es allerdings um Ansprüche gegen den zur Entschädigungsleistung verpflichteten Landesfiskus. Ob dieser versuchte, sich bei der Post schadlos zu halten, ist mir nicht bekannt.
[5] Vgl. BGH NJW 1954, 915 (insoweit in BGHZ 12, 96 nicht mitgeteilt).
[6] Das Wort „oder" in § 16 I 1 ist nicht im Sinn einer exklusiven Alternativität zu verstehen; es ist nicht ausgeschlossen, daß sowohl Auftraggeber als auch Zustellungsempfänger Ersatzansprüche geltend machen können.

## II. Erscheinungsformen

Der Begriff „Durchführung der förmlichen Zustellung" ist nicht räumlich-gegenständlich, sondern zeitlich-funktional zu verstehen. Sonst würde sich die Bedeutung des § 16 Abs. 1 darin erschöpfen, dem Zustellungsempfänger für den Fall zu Ersatzansprüchen zu verhelfen, daß der Postbedienstete ihm oder seinem Eigentum schuldhaft Schäden zufügt. Diese Interpretation wäre offenbar sinnwidrig. Die Post soll vielmehr dann haften, wenn die mit der Zustellung betrauten Postbediensteten rechtswidrig und schuldhaft den Zweck der förmlichen Zustellung verfehlen. Demgemäß sind Beginn und Ende der Verantwortlichkeit der Post für die prozeßförmige Zustellung zu bestimmen.

Der Zustellungsauftrag muß zunächst als gewöhnliche Briefsendung dem Postamt übermittelt werden, in dessen Bezirk die Zustellung stattfinden soll. Geht er während des Transports verloren, so greift der spezielle Haftungsausschluß des § 12 I ein. Die Beförderung des Zustellungsauftrags ist noch nicht Durchführung der Zustellung, sondern deren Vorbereitung. Es verhält sich hier nicht anders, als wenn dem Gerichtsvollzieher ein Zustellungsersuchen mit der Post zugeschickt würde. Daß in diesem Fall eine von der allgemeinen Regelung abweichende Haftung der Post außer Betracht zu bleiben hat, ist evident. Es ist nicht vertretbar, den Postbenutzer zu privilegieren, wenn und weil beide Funktionen von der Post erfüllt werden.

Die Haftung der Post kann also frühestens mit dem Eingang des Auftrags im Bestimmungspostamt einsetzen. Aber selbst hier bedarf es weiterer Eingrenzung. Die den Zustellungsauftrag enthaltende Sendung muß von den übrigen beim Postamt eingegangenen Sendungen abgesondert sein. Erst in diesem Zeitpunkt rückt die Post in die besondere Pflichtenstellung als Zustellungsbehörde ein, haftet von jetzt an aber auch für jedes Fehlverhalten ihrer Bediensteten, ohne daß es auf die Art der Pflichtverletzung ankommt.

Der Schaden dürfte regelmäßig dadurch entstehen, daß der Zustellungsbedienstete die von den Prozeßgesetzen vorgeschriebenen Förmlichkeiten nicht gewahrt hat. Aber § 16 I greift auch dann ein, wenn es zu einer Zustellung überhaupt nicht kommt, etwa weil der Postbedienstete das zuzustellende Schriftstück verloren oder gar unterdrückt hat. Hiergegen läßt sich zwar der Wortlaut des § 16 I mobilisieren, da in einem solchen Fall die Zustellung nicht eigentlich „durchgeführt" wird. Der Sinn der Vorschrift dagegen verlangt eine Entscheidung in dem zuvor angedeuteten Sinn. Die Post soll wie der mit der Zustellung betraute Gerichtsvollzieher haften; das fordert bereits der Gleichheitssatz. Soweit nun der Gerichtsvollzieher mit der Zustellung betraut wird, ist der Staat für dessen pflichtwidriges Unterlassen verantwortlich. Aus gleichem Grund muß die Post auch für pflichtwidrig-schuldhafte Verzögerungen einstehen, die sich in diesem Abschnitt der Auftragsdurchführung ereignen. Wird z. B. einem Angeklagten durch Säumigkeit der mit der Zustellung befaßten Bediensteten die Ladung zur Hauptverhandlung erst zugestellt, wenn die Ladungsfrist des § 217 I StPO unterschritten ist und wird deswegen eine neue Hauptverhandlung erforderlich, so kann der Landesjustizfiskus deren Kosten von der Post ersetzt verlangen.

### b) Ende der Haftung

Wann die schadensersatzrechtliche Verantwortlichkeit der Post für die Durchführung der förmlichen Zustellung endet, läßt sich nicht einheitlich entscheiden. Soweit es um das Verhältnis zum Auftraggeber geht, fällt die Antwort nicht schwer: Die vollzogene Zustellungsurkunde muß zur Beförderung an den Auftraggeber aufgegeben sein; geht sie während der Rückbeförderung verloren, kommt eine Ersatzpflicht der Post nicht mehr in Betracht. Im Verhältnis zum Zustellungsempfänger kann sich etwas anderes für den Fall ergeben, daß ein ihm nicht übergebenes Schriftstück nach § 182 ZPO bei der Postanstalt niedergelegt wird, dort abhandenkommt und der Empfänger hierdurch einen Schaden erleidet[7]. Die Niederlegung des zuzustellenden Schriftstücks bei der Postanstalt ist mehr als ein gesetzestechnischer Kunstgriff, um die Zustellungswirkungen auch dann eintreten zu lassen, wenn es dem Empfänger nicht persönlich ausgehändigt werden konnte. Sie verfolgt vor allem den Zweck, dem Empfänger, der von der Niederlegung benachrichtigt werden muß, nachträglich Kenntnis vom Inhalt des Schriftstücks zu verschaffen, damit er die für ihn bestimmte Information doch noch erhält. Die Aufbewahrungspflicht steht also in unmittelbarem Zusammenhang mit der Zustellung und fällt damit unter den Begriff der „Durchführung", auch wenn verfahrensrechtlich die Zustellung bereits im Augenblick der Niederlegung bewirkt ist[8]. Eine Schadensersatzpflicht kann auch nicht mit dem Hinweis widerlegt werden, die aufzubewahrende Sendung werde im Postbetrieb als gewöhnliche Briefsendung behandelt, für deren Verlust bekanntlich nicht gehaftet werde[9]. Erfaßt § 16 I auch die Verwahrung des niedergelegten Schriftstücks, dann kommt der innerbetrieblichen Behandlung keine Bedeutung zu. Selbst wenn die Vorschrift nicht so weit ausgelegt werden dürfte, kann die Post von der Haftung für die Verletzung ihrer Obhutspflicht nicht freigestellt werden. Es läßt sich nämlich auch durchaus die Ansicht vertreten, die Verwahrungspflicht

---

[7] BGHZ 28, 30 = Archiv PF 1960, 83 m. Anm. *Schuster*.
[8] Insofern ist der Kritik von *Schuster* a.a.O. an dem Urteil des BGH zuzustimmen.
[9] Das hat *Schuster* a.a.O. mit Nachdruck hervorgehoben. Aber darauf kommt es aus den im Text vorgebrachten Gründen nicht an.

nach § 182 ZPO treffe die Post nicht in ihrer spezifischen Eigenschaft als Nachrichtenübermittler, zumal da Schriftstücke auch bei der Geschäftsstelle des Amtsgerichts, dem Gemeindevorsteher oder dem Polizeivorsteher niedergelegt werden dürfen. Ist die Aufbewahrungspflicht aber nicht verkehrsrechtlich motiviert, so ist die Haftungsregelung des PostG in toto unanwendbar, und es verbleibt bei den allgemeinen Staatshaftungsnormen. Es wäre auch schwerlich zu rechtfertigen, daß die übrigen zur Aufbewahrung verpflichteten Behörden für mangelnde Obhut einstehen müßten, nicht jedoch die Post[10].

## 2. Postprotest

Anders als bei der Haftung für Pflichtverletzungen im Postzustellungsdienst, die erst im neuen PostG eine ausdrückliche Regelung gefunden hat[11], gab es für die Haftung bei der Durchführung von sogenannten Postprotestaufträgen nach § 16 II ein Vorbild: § 4 des Gesetzes, betreffend die Erleichterung des Wechselprotestes von 1908 (Wechselprotestgesetz)[12]. Es mußte lediglich die dem damaligen privatrechtlichen Verständnis des Postbenutzungsverhältnisses entsprechende Verweisung auf das bürgerliche Recht zugunsten einer Formulierung aufgegeben werden, die klarstellte, daß die Post dem Benutzer für die Verletzung öffentlich-rechtlicher Pflichten haftet. Das PostG hat sich hier nicht für die „entsprechende" Anwendung des bürgerlichen Rechts entschieden — wie im Fall des § 19, dessen Haftungsregelung für den Postscheckdienst sich von der des Postscheckgesetzes aus dem Jahre 1914 einzig durch dieses Attribut „entsprechend" unterscheidet —, sondern für die Amtshaftung. Das ist sachlich vollauf gerechtfertigt. Zum einen wäre es wenig sinnvoll gewesen, die verschiedenen Zweige des Postauftragsdienstes — Zustellung und Protesterhebung — verschiedenen Haftungsprinzipien zu unterstellen. Ferner ist zu bedenken, daß außer von der Post der Wechselprotest[13] vom Notar oder von einem „Gerichtsbeamten" — dem Gerichtsvollzieher — aufgenommen werden kann, Art. 79 WG. Deren Pflichtverletzungen führen aber zu Amtshaftungansprüchen gegen den Notar (§ 19

---

[10] Vgl. auch unten 2 a bb).
[11] In der Sache bringt § 16 I nichts Neues; denn schon bisher war der BGH davon ausgegangen, daß der Haftungsausschluß des alten PostG Fehler bei der Durchführung der förmlichen Zustellung nicht erfasse, und konnte so § 839 BGB i. V. m. Art. 34 GG anwenden, vgl. BGHZ 12, 96. Der Gesetzgeber hat diese Rechtsprechung lediglich fixiert, vgl. Schriftl. Bericht des Postausschusses, S. 6 zu § 16.
[12] Vgl. dazu oben § 2 II 1.
[13] § 16 Abs. 2 befaßt sich nur mit dem Wechselprotest. Der praktisch ohnehin kaum bedeutsame Scheckprotest wird von der Post nicht erhoben, vgl. § 40 PostO, der nur vom Wechselprotest handelt. Würde die Erhebung des Scheckprotests durch Ergänzung der PostO zugelassen, müßte § 16 Abs. 2 analog angewendet werden.

BNotO) oder gegen den Staat[14]. Die vom Wechselgesetz gewährleistete freie Auswahl zwischen Post, Notar und Gerichtsvollzieher fordert als sinnvolle Ergänzung eine Gleichartigkeit der Haftung.

### a) Der Schutz des Wechselinhabers

Die Haftung für „Schäden, die bei der Einziehung der Wechselsumme oder bei der Protesterhebung entstehen", bezweckt und bewirkt in erster Linie den Schutz des Wechselinhabers und Auftraggebers. Hauptsächlich ihn trifft nämlich die Gefahr des Rechtsverlusts wegen mangelnder Beachtung strenger Formvorschriften des Wechselgesetzes[15]. Bei Versäumung der Vorlegungsfrist oder der Frist zur Protesterhebung büßt er seine Rechte gegen Indossanten, Wechselaussteller und sonstige Wechselverpflichtete mit Ausnahme des Akzeptanten ein (Art. 53 I WG). Seine wechselrechtlichen Rückgriffsansprüche setzen voraus, daß die Verweigerung der Zahlung[16] durch eine öffentliche Urkunde festgestellt ist (Art. 44 I WG). Darum ist der Regreß nicht nur ausgeschlossen, wenn der Protest nicht fristgemäß erhoben ist, sondern auch dann, wenn die Urkunde ihre Wirkung nicht entfalten kann, etwa weil sie an einem erheblichen Formfehler leidet[17] oder vom Protestbeamten nicht unterschrieben ist[18]. In beiden Fällen braucht der Rückgriffsschuldner nicht zu leisten. Der Umstand, daß der Schaden regelmäßig im Verlust der Ansprüche aus dem Wechsel, speziell der Regreßansprüche, besteht, erklärt die Einschränkung des Ersatzanspruchs in § 16 II 2 „auf den Betrag des Rückgriffanspruchs nach Artikel 48 des Wechselgesetzes"[19].

aa) Die Formulierung „bei der Einziehung der Wechselsumme oder bei der Protesterhebung" ist in einer Hinsicht deutlicher als die von § 4 WechselprotestG verwendete, welche die Post schlechthin „für die ordnungsmäßige Ausführung des Protestauftrags" verantwortlich machte. Hierbei kam nicht genügend zum Ausdruck, daß die Beförderung des

---

[14] Vgl. im einzelnen *Baumbach-Hefermehl*, WG, 10. Aufl. 1970, Art. 79 Rdnr. 3.
[15] Zum Grundsatz der Wechselstrenge *Baumbach-Hefermehl*, a.a.O., Einleitung WG, Rdnr. 11 ff.
[16] Der Protest mangels Annahme kann nur durch den Notar oder den Gerichtsvollzieher erhoben werden, vgl. § 40 PostO.
[17] Vgl. Art. 80 Abs. 1 WG. Allerdings macht nicht jeder Verstoß gegen diese Vorschrift den Protest unwirksam, BGHZ 5, 371 (372); *Baumbach-Hefermehl*, a.a.O., Art. 80 Rdnr. 1.
[18] Die Unterschrift ist unstreitig Wirksamkeitsvoraussetzung des Protests, *Baumbach-Hefermehl*, a.a.O. Rdnr. 8.
[19] *Jacobi*, S. 738 Anm. 6 meint, die Limitierung des Ersatzanspruchs habe allenfalls für den ganz seltenen Fall Bedeutung, daß die Vorlegung ganz unterblieben ist und der Bezogene bei ordnungsgemäßer Vorlegung geleistet hätte. Das dürfte zu weit gehen: Die Gefahr eines hohen mittelbaren Schadens (Liquiditätsschwierigkeiten, Kreditaufnahme zu hohen Zinsen) ist auch sonst nicht ausgeschlossen.

## II. Erscheinungsformen

Auftrags zum Postamt, in dessen Bezirk der Wechsel vorgelegt und der Protest erhoben werden soll, und die Beförderung des protestierten Wechsels an den Auftraggeber von der Haftung nicht erfaßt werden sollten[20]. Nunmehr steht fest, daß Fehler in diesen Leistungsabschnitten, die unzweifelhaft zur Tätigkeit der Post bei der Wechselvorlegung oder Protesterhebung gehören, nicht gehaftet wird, jedenfalls nicht nach § 16 II[21]. Die insoweit gewonnene Klarheit des Gesetzestextes hat freilich in anderer Hinsicht neue Unklarheit geschaffen. Die alte Formulierung ließ keinen Zweifel aufkommen, daß Untätigkeit oder Säumnis des zuständigen Postbediensteten die Pflicht zur „ordnungsmäßigen Ausführung des Protestauftrags" verletzten. Eine am Wortlaut des § 16 II haftende Auslegung könnte zu dem Ergebnis führen, hier eine Haftung der Post zu verneinen, weil das Geld (der Protest) entweder gar nicht oder — wenn auch mit Verspätung — doch noch eingezogen (erhoben) ist. Dieser Argumentation wurde bereits bei der Erörterung der Haftung für Postzustellungsaufträge entgegengetreten, wo der Gesetzeswortlaut vor die gleiche Problematik stellt. Hier läßt sie sich zusätzlich aus der Entstehungsgeschichte widerlegen. Die amtliche Begründung zum RegE enthält keinen Hinweis darauf, daß innerhalb des Leistungsabschnitts, der mit der Bearbeitung des Auftrags beim Zustellungspostamt beginnt und mit der Anweisung des eingezogenen Geldes oder der Rücksendung des protestierten Wechsels endet, für Unmöglichkeit oder Verzug nicht gehaftet und insofern die bisherige Regelung des Wechselprotestgesetzes modifiziert werden sollte.

bb) Eine besondere Problematik birgt die Protesterhebung. Nach Art. 84 Abs. 2 WG ist die Post verpflichtet, eine beglaubigte Abschrift der Protesturkunde herzustellen und aufzubewahren, damit sie bei Verlust oder Zerstörung des Originals ein Zeugnis über die Protesterhebung ausstellen kann, Art. 90 II WG. Ist die Abschrift beim verwahrenden Postamt nicht auffindbar oder wurde sie gar nicht erstellt, so brauchen die Regreßschuldner nicht zu leisten. Hier ist eine Ersatzpflicht der Post dem Grunde nach zu bejahen[22]. Entweder honoriert man, daß die Pflicht

---
[20] Vgl. *Niggl*, S. 323.
[21] § 40 III 2 PostO schreibt vor, daß der Auftrag als eingeschriebener Brief befördert werden muß. Daraus folgt, daß der Auftraggeber im Fall des Verlusts der Sendung 40 DM erhält. Darüber hinaus wäre zu fragen, ob der Auftraggeber sich nicht einen weitergehenden Schutz dadurch verschaffen kann, daß er den Auftrag als Wertbrief behandeln läßt. Die Zulässigkeit eines solchen Begehrens hängt davon ab, ob § 40 Abs. 3 Satz 2 PostO nur eine Mindestvoraussetzung darstellt, andere qualifizierte Formen der Beförderung also ebenfalls zulässig sind, oder ob er exklusiv die Wahl der Versendungsform bestimmt — mit der Konsequenz, daß dem Postbenutzer die Möglichkeit genommen ist, sich gegen Schäden zu sichern, die 40 DM übersteigen oder nicht gerade im Verlust der Sendung bestehen.
[22] Ob und inwieweit einem Ersatzanspruch die Mitverursachung des Schadens durch den Geschädigten entgegengehalten werden kann (§ 254 BGB ist

zur Aufbewahrung nicht spezifisch postrechtlicher Natur ist, da sie weder auf dem PostG noch auf der PostO beruht, sondern auf einer Norm des Wechselgesetzes: Wenn dieser Gesichtspunkt zutrifft, ist der allgemeine Haftungsausschluß nach § 11 Abs. 1 unanwendbar und greift daher die allgemeine Staatshaftung durch. Oder es zwingt — wenn man die Beglaubigung der Abschrift und ihre Aufbewahrung noch der Postbenutzung zurechnen will — der enge sachliche Zusammenhang dieser Maßnahmen mit der Protesterhebung zur Anwendung des § 16 II: daß auch in diesem Fall der Schaden „bei der Protesterhebung" entstanden ist, läßt sich durchaus vertreten.

### b) Der Schutz des Wechselverpflichteten

Bei einem Vergleich mit dem Wechselprotestgesetz fällt auf, daß das PostG auch den Wechselverpflichteten in den Kreis der Ersatzberechtigten einbezogen hat. Die amtliche Begründung zum RegE gibt keinen hinreichenden Aufschluß über die Motive dieser Haftungserweiterung. Ob für sie ein besonderes Bedürfnis bestand, scheint ebenso zweifelhaft wie die andere Frage, ob die Beschränkung der Anspruchsberechtigung auf den Auftraggeber und den Wechselverpflichteten überhaupt sachgerecht ist.

Sollte die Intention bestanden haben, den Kreis der Ersatzberechtigten zu erweitern, so wäre sie jedenfalls nicht konsequent verwirklicht. Das zeigt sich an dem Fall, daß Protest erhoben wird, obwohl er nicht hätte erhoben werden dürfen, etwa bei Vorlegung vor Ablauf der Verfallfrist oder bei fehlender förmlicher Berechtigung des Wechselinhabers[23]. Hiervon sind nämlich primär die Regreßverpflichteten betroffen, die bei pflichtgemäßem Verhalten des Protestbeamten noch nicht oder vielleicht gar nicht in Anspruch genommen werden könnten. Ihnen hat das Gesetz einen Schadensersatzanspruch aber gerade nicht gewährt.

Was dagegen den Zahlungspflichtigen angeht, so lassen sich Schadensfälle nicht leicht finden. Wenn der Protest verspätet, formungültig oder gar nicht erhoben wird, so ist evident, daß der Zahlungspflichtige dadurch keinen Schaden erleidet. Er könnte also nur noch dann einen Ersatzanspruch haben, wenn er „bei der Einziehung der Wechselsumme" geschädigt wurde. Als eine wahre crux erweist sich hierbei die Haftungsbeschränkung des § 16 II 2, die den Ersatzanspruch summenmäßig auf die Höhe des Regreßanspruchs nach Art. 48 WG begrenzt. Für die Er-

---

im Rahmen des Amtshaftungsanspruchs zu berücksichtigen, vgl. unten § 12 II 2), ist eine andere Frage.
[23] Nur der förmlich berechtigte Wechselinhaber darf Protest erheben lassen, *Baumbach-Hefermehl*, a.a.O., Art. 16 Rdnr. 15 m. w. Nachw. Die übrigen Beispiele bei *Jacobi*, S. 738, sind rein theoretischer Natur (Protesterhebung zur Nachtzeit!).

## II. Erscheinungsformen

satzansprüche des Auftraggebers ist diese Limitierung sachlich gerechtfertigt, nicht aber für Ansprüche des Zahlungsverpflichteten, weil sein eventueller Schaden in keinem denkbaren Zusammenhang mit dem Regreßanspruch steht. Dem Beispiel, daß der Protestbeamte vor der Zustellung eine große Glastür im Haus des Zahlungspflichtigen zerstört, läßt sich noch verhältnismäßig leicht entgegentreten. Dieses Verhalten ist nämlich ohnehin nicht nach der postgesetzlichen Haftungsregelung zu beurteilen, was noch näher zu begründen sein wird, so daß es hier bei der unlimitierten Staatshaftung nach Art. 34 GG i. V. m. § 839 BGB bewendet[24]. Diese Erwägung hilft aber nicht mehr in dem Fall, daß der Postbedienstete schuldhaft den Wechsel vor Verfall vorlegt und der Wechselverpflichtete ihn zur Vermeidung der angedrohten Protesterhebung (und der daran anschließenden Komplikationen) zahlt[25]. Auch wenn hier der Schaden nur in einer Liquiditätseinbuße zu erblicken ist, da der Verpflichtete vor Fälligkeit gezahlt hat, so ist doch dieser Schaden von der Höhe des Regreßanspruchs ganz unabhängig und kann diesen auch durchaus übersteigen.

Die dargestellte Problematik wirft die Frage auf, ob hier eine einschränkende Auslegung des § 16 II 2, eine teleologische Reduktion[26], zulässig oder geboten ist. Daß die Anwendung der Vorschrift auf den Ersatzanspruch des Zahlungspflichtigen nicht sinnvoll ist, dürfte hinreichend dargetan sein. Daß das Gesetz ein solches Ergebnis auch nicht beabsichtigt hat, läßt sich ebenfalls verhältnismäßig leicht nachweisen: Die Haftungsbeschränkung wurde unverändert aus einem Gesetz übernommen, welches nur dem Auftraggeber Ersatz gewährte; ferner zeigen die amtliche Begründung zum Regierungsentwurf und die Stellungnahme des Postausschusses des Bundestags, daß die Konsequenzen nicht bedacht wurden, die sich aus der Übernahme der Haftungsbeschränkung bei gleichzeitiger Erweiterung des Kreises der Ersatzberechtigten ergaben.

Das Fazit der Überlegungen ist dahin zu ziehen, daß der Ersatzanspruch des Zahlungspflichtigen grundsätzlich unlimitiert ist, es sei denn, daß der Schaden einen speziellen Betrag zum wechselrechtlichen Regreßanspruch aufweist.

---

[24] Unten § 14 III.
[25] Das ist kein erdachter Fall.
[26] Zu diesem Begriff vgl. *Larenz*, Methodenlehre der Rechtswissenschaft, 2. Aufl. 1969, S. 328, 369 ff.

*Dritter Teil*

# Haftungsbegrenzungen

## § 12 Mitverschulden des Postbenutzers

### I. Begriffliche Klärung

Auch wenn und soweit die Post für die pflichtwidrige Ausführung (oder Nichtausführung) ihrer Dienstleistungen Schadensersatz nach den Haftungsnormen des PostG leisten müßte, kann ihre Ersatzpflicht in Sonderfällen ausgeschlossen oder eingeschränkt sein. Diese Ausnahmetatbestände lassen sich im wesentlichen unter zwei Gesichtspunkten systematisieren: Mitverursachung des Schadens durch den Geschädigten und Verstoß gegen Benutzungsvorschriften.

Der Aufbau des Gesetzes läßt diese Gesichtspunkte freilich nicht sehr deutlich hervortreten. Zwar befaßt sich § 14 zufolge seiner Überschrift mit „Ausschluß und Erlöschen der Ersatzpflicht". Doch gilt diese Vorschrift nur für den Sachverkehr, nämlich den Brief- und Paketdienst sowie für die Beförderung von Reisegepäck und Kraftpostgut im Postreisedienst (§ 18 II). Für die übrigen Postdienste hat das PostG keine eigenständigen Ausschlußgründe normiert, was allerdings nicht bedeutet, daß hier Haftungsausschluß und Haftungsbeschränkung nicht anzutreffen seien.

Ist also die Regelung des § 14 nicht so umfassend, wie die Gesetzesüberschrift vermuten läßt, so ist sie in gewisser Beziehung sogar zu weit. Nach § 14 III ist „die Ersatzpflicht der Deutschen Bundespost ... ausgeschlossen, wenn der Schaden zu einer Zeit verursacht worden ist, in der ihr Gewahrsam[1] auf Grund gesetzlicher Vorschriften aufgehoben war". Hierbei handelt es sich nicht eigentlich um einen Haftungsausschluß[2].

---

[1] Die amtliche Begründung zum RegE gibt keinen Aufschluß, warum das Gesetz den strafrechtlichen Begriff Gewahrsam verwendet und nicht von Besitz spricht, vgl. S. 20 zu § 14. Möglicherweise spielt hierbei eine Rolle, daß im Strafprozeß die Pflicht zur Herausgabe beschlagnahmter Gegenstände an den „Gewahrsam" geknüpft ist, vgl. § 95 I StPO.

[2] Aus dieser Erwägung meinte BGHZ 14, 274 (276 f.), es liege in diesem Falle kein „Verlust" im postrechtlichen Sinn vor; gleicher Ansicht HambOVG Archiv

## I. Begriffliche Klärung

Tritt der Schaden bei der zollamtlichen Untersuchung einer Sendung oder während der Beschlagnahme durch die Strafverfolgungsbehörden ein, so fehlt es von vornherein an einer Verantwortlichkeit der Post. Verlust oder Beschädigung sind nicht in ihrem Bereich eingetreten, sondern bei der postfremden Behörde, der die Post die Sendung aushändigen mußte. Es geht auch nicht an, für deren Pflichtverletzungen die Post einstehen zu lassen: Diese Behörden sind nicht Erfüllungsgehilfen der Post. Das eigentliche Problem, daß sich beim Übergang der Verantwortlichkeit für die einzelne Sendung ergeben kann, blieb ungeregelt. Das Gesetz sagt nicht, wer haften muß, wenn sich nicht feststellen läßt, welches der beteiligten Staatsorgane die dem Bürger gegenüber obliegende Obhutspflicht verletzt hat[3]. Bei geordnetem Verwaltungsgang wird es zu einem solchen non liquet zwar nicht kommen, weil die Post schon im eigenen Interesse festhält, ob, wann und gegebenenfalls in welchem Zustand sie eine Sendung anderen Hoheitsträgern ausgehändigt oder von diesen übernommen hat. Im Verkehr zwischen den beiden deutschen Postverwaltungen ist jedoch eine vergleichbare Gewißheit nicht zu erzielen: Weder dem Absender noch dem Empfänger wird von den Zollbehörden der DDR mitgeteilt, ob und aus welchen Gründen sie eine Sendung beschlagnahmt haben. Gelangt eine Sendung aus der Bundesrepublik in die DDR nicht an ihren Adressaten oder fehlen Teile des Inhalts, so läßt sich nur mutmaßen, wer dies zu verantworten hat. Postpraxis und Rechtsprechung arbeiten denn auch mit Beweisregeln und Vermutungen: Hat sich der Absender an die vom Bundespostministerium herausgegebenen Richtlinien und Empfehlungen für den Versand von Geschenkpaketen gehalten, so wird ihm bei Verlust oder Beraubung Ersatz geleistet; andernfalls wird vermutet, daß die Sendung von den Zollbehörden der DDR beschlagnahmt worden ist[4].

---

PF 1966, 226. Das neue PostG versucht demgegenüber nicht, den Verlust begrifflich in Abrede zu stellen, bringt aber zugleich zum Ausdruck, daß die Post jedenfalls nicht haftet — eine wesentlich klarere Lösung.

[3] Mit einer — auch nur entsprechenden — Anwendung des § 830 I 2 BGB läßt sich dieser Fall nämlich nicht lösen. Das würde nämlich voraussetzen, daß sich *beide* Hoheitsträger rechtswidrig verhalten haben; dagegen ist die Vorschrift nicht anwendbar, wenn nur der eine *oder* der andere für die Schadensverursachung verantwortlich zu machen ist (vgl. *Soergel-Zeuner*, § 830 Rdnr. 10).

[4] In der Praxis wird heute regelmäßig Ersatz geleistet, wenn die Angaben des Absenders über den Inhalt der Sendung mit den Richtlinien und Empfehlungen konform gehen. Die Verweigerung der Ersatzleistung bei abweichendem Inhalt wird von den Gerichten mit der Begründung gebilligt, daß der Beweis des ersten Anscheins für eine Beschlagnahme spreche, so HambOVG Archiv PF 1966, 225 m. Anm. *R. Schmidt;* gleicher Ansicht zahlreiche unveröffentlichte Urteile, etwa HambOVG v. 26. 2. 1965 — Bf. I 30/64; VG Hamburg v. 13. 11. 1964 — IV VG 261/64; v. 6. 2. 1964 — VI VG 683/63; v. 21. 11. 1963 — VI VG 651/63; LG Nürnberg-Fürth v. 9. 7. 1964 — 4 S 1/64; AG Hamburg v. 16. 3. 1971 — 7 C 788/70.

## II. Rechtsfolgen der Schadensmitverursachung

### 1. Die Regelung im Sachverkehr

#### a) *Schadensbegünstigung durch den Absender*

##### aa) vor Einlieferung der Sendung

Nach § 14 I 1 ist die Haftung der Post für den Verlust oder die Beschädigung von Sendungen ausgeschlossen, wenn der Schaden überwiegend auf der natürlichen Beschaffenheit der Sendung beruht oder wenn er überwiegend durch den Absender verursacht worden ist. Die Formulierung ist mißglückt, denn die vom Gesetz gebildete Alternative gibt es nicht: Wenn der Absender schadensanfällige Sendungen einliefert, so ist die Schadensentstehung auf sein Verhalten zurückzuführen, also von ihm mitverursacht. Vernünftig ist dagegen, daß das Gesetz den Haftungsausschluß nicht mehr von einem Verschulden des Absenders abhängig macht, wie dies in § 6 III lit. a) PostG 1871 teilweise noch der Fall war. Die Verschuldensunabhängigkeit der Haftung fordert als notwendiges Korrelat, die Rechtsfolgen einer Mitverursachung ebenfalls ohne Rücksicht darauf eintreten zu lassen, ob dem Absender aus seinem Verhalten ein Vorwurf gemacht werden kann[5].

Bemerkenswert ist, daß der Ersatzanspruch nur bei überwiegender Mitverursachung entfällt. Der Regierungsentwurf wollte dem Absender bei jedweder Form von Mitverursachung des Schadens einen Ersatzanspruch versagen. Eine solche Regelung wäre für den Postbenutzer hart, aber für die Post ungemein praktisch gewesen. Dieser zuletzt genannte Gesichtspunkt darf nicht gering geachtet werden. Die Rücksichtnahme auf Schnelligkeit und Leichtigkeit des Ersatzverfahrens hatte dazu geführt, die Post im Sachverkehr ohne Rücksicht auf ein Verschulden ihrer Bediensteten haften zu lassen; denn es wurde mit Grund befürchtet, die Feststellung eines Verschuldens erfordere einen zeitraubenden und nur zu oft nutzlosen Verwaltungsaufwand. Derselbe Gedanke verbietet es aber auch, das Ersatzverfahren mit Feststellungen über die Intensität der Mitverursachung zu belasten. Die Lösung kann hier allein in einem klaren Entweder-Oder bestehen. Das alles hatte der Regierungsentwurf erkannt. Allein, der Bundesrat — und ihm folgend der Postausschuß des Bundestages — befürchteten, die ursprüngliche Fassung des Regierungsentwurfs „könnte in Einzelfällen Postbenutzern gegenüber Härten mit sich bringen", insbesondere dann, wenn eine Sendung mit verderblichem Inhalt deswegen zu Schaden kommt, weil eine verzögerte Behandlung

---
[5] Dies gilt um so mehr, als nach § 8 I 2 auch ein nicht Geschäftsfähiger, dem es möglicherweise an der Verschuldensfähigkeit fehlt, zur Postbenutzung zuzulassen ist.

oder ein Verschulden auf seiten der Post mit im Spiel war[6]. Dieser praktisch nicht unwichtige Fall hätte jedoch ohne weiteres nach dem Vorbild des alten PostG[7] in einer Spezialregelung erfaßt werden können. Er ist durch die zum Gesetz gewordene Formulierung zwar befriedigend mitgelöst, aber um den Preis, daß im Ersatzverfahren nunmehr darüber zu befinden ist, ob der Schaden auf schlichte Mitverursachung zurückzuführen und daher dem Postbenutzer in vollem Umfang zu ersetzen ist oder ob es sich bereits um überwiegende Mitverursachung handelt, die den Ersatzanspruch ganz entfallen läßt. Verwaltungspraxis und Rechtsprechung sehen sich damit Wertungsproblemen gegenüber, für deren Bewältigung weder das PostG noch das bürgerliche Recht die erforderlichen Richtlinien bereitstellen[8]. Der Einwand, auch bei der Anwendung des § 254 BGB sei dem Schätzungsermessen des Richters durch § 287 ZPO weitester Raum gelassen, ohne daß dies zu Unzuträglichkeiten geführt habe, läßt sich leicht widerlegen. Selbst wenn die überwiegende Mitverursachung sich nicht mit mathematischer Genauigkeit festlegen läßt, wird eine Ungewißheit sich regelmäßig nur darin äußern, daß die Mitverursachung um einige Grade zu hoch oder zu niedrig veranschlagt wird. Angesichts der Proportionalität von Mitverursachung und Ersatzquote bleibt die Höhe des Ersatzanspruchs davon zwar nicht unberührt; doch wird es auch hier nur zu maßvollen Abweichungen nach oben oder unten kommen[9]. Dagegen steht im Postrecht der gesamte Ersatzanspruch auf dem Spiel[10].

bb) nach Beendigung der Beförderung

Ebenfalls durch den Gedanken der Mitverursachung ist die Regelung des § 14 IV zu erklären, wonach die Ersatzpflicht der Post bei unanbringlichen Sendungen mit dem Ablauf eines Monats nach der öffentlichen Aufforderung an den Absender erlischt, die Sendung abzuholen.

---

[6] RegE (Anhang) S. 29 sub 8; Schriftlicher Bericht, S. 6 zu § 14.
[7] § 6 II PostG 1871.
[8] Die resignierende Feststellung von *Soergel - Reimer Schmidt*, § 254 Rdnr. 16, für eine Präzisierung der in § 254 BGB enthaltenen Generalklausel könne nur wenig getan werden, ist vollauf berechtigt. Wenn BGH NJW 1969, 790 meint, eine überwiegende Mitverursachung im Sinn des § 254 BGB sei anzunehmen, wenn das Verhalten desjenigen, der Schadensersatz verlangt, den Eintritt des Schadens in wesentlich höherem Maß wahrscheinlich gemacht hat als das Verhalten des Ersatzschuldners, dann ist damit nur eine Generalklausel durch eine andere ersetzt.
[9] BVerwG DVBl. 1971, 858 (860 f.) stellt für den Ausschluß des Folgenbeseitigungsanspruchs zwar ebenfalls auf das Kriterium der überwiegenden Mitverursachung ab; doch ist dies sachlich gerechtfertigt, weil der Folgenbeseitigungsanspruch im Gegensatz zum Schadensersatzanspruch einer quotalen Reduzierung nicht zugänglich ist.
[10] Kritisch gegenüber der neuen Regelung auch *Kohl*, Die Postpraxis 1969, 150.

Die Vorschrift bezweckt, die Post für derartige Sendungen, die vom Absender nicht abgeholt werden und sich daher weiterhin in der Obhut der Post befinden, nicht auf unabsehbare Zeit haften zu lassen. Ihre Verantwortung für die Integrität der Sendung soll daher nach Ablauf eines Monats erlöschen. Schäden, die nach diesem Zeitpunkt eintreten, muß der Absender selbst tragen, weil er sie durch rechtzeitige Abholung hätte vermeiden können.

§ 14 IV spricht nicht bloß von einem Erlöschen der Haftung, sondern vom Erlöschen der Haftpflicht. Der Unterschied wird bedeutsam, wenn eine unanbringliche Sendung während der Beförderung oder nachher während der einmonatigen Aufbewahrungszeit beschädigt wurde. Hier ist die Ersatzpflicht der Post schon entstanden. Daß die Post von ihr befreit wird, ist zwar keine Folge der eingangs herausgearbeiteten ratio legis, die Post nicht ad infinitum mit der Verantwortlichkeit für nicht abgeholte Sendungen zu belasten. Doch ist die Entscheidung des Gesetzes zu billigen: Sie schneidet unfruchtbare Streitigkeiten darüber, ob der Schaden vor oder nach Ablauf der Monatsfrist entstanden ist, im Interesse der Entlastung des Ersatzverfahrens resolut ab.

*b) Verletzung der Rügepflicht durch den Adressaten*

Ähnlich wie im bürgerlichen Recht der „Beschädigte" sich ein Mitverschulden seines gesetzlichen Vertreters und seiner Erfüllungsgehilfen anrechnen lassen muß (§ 254 II 2 BGB), kann sich das Verhalten des Empfängers negativ auf den Ersatzanspruch des Absenders auswirken: wenn er eine während des Transports beschädigte Sendung vorbehaltlos entgegennimmt. § 14 II bestimmt: „Die Ersatzpflicht der Deutschen Bundespost für die Beschädigung von Sendungen ist ausgeschlossen, wenn der Empfangsberechtigte die Sendung unbeanstandet angenommen hat, es sei denn, daß der Schaden bei der Auslieferung nicht erkennbar war und unverzüglich nach seiner Entdeckung angemeldet worden ist". Diese Regelung beruht auf der Erwägung, daß die Post nur zwischen Annahme und Auslieferung der Sendung für deren Unversehrtheit haftet, während für die nachfolgende Beschädigung der Adressat selbst verantwortlich ist. Da sich, wenn die Sendung dem Empfänger erst einmal ausgehändigt wurde, nur schwer feststellen läßt, ob die Beschädigung auf eine Pflichtverletzung der Post zurückzuführen ist, normiert § 14 II eine Obliegenheit des Empfängers, deren Befolgung zwar nicht erzwungen werden kann, deren Verletzung aber mit Nachteilen für den Absender verknüpft ist. Das Gesetz geht davon aus, daß bei widerspruchsloser Entgegennahme der Sendung die Beschädigung beim Empfänger eingetreten sei. Diese Vermutung kann nur dadurch widerlegt werden, daß unverzüglich dargetan wird, der Schaden sei bei Entgegennahme der Sendung nicht erkennbar gewesen. Unterbleibt aber die Beanstandung bei der Auslieferung und wird sie nicht „ohne schuldhaftes Zögern"[11] nachgeholt, so ist ein Ersatzanspruch des Absenders ausgeschlossen, auch wenn die Sendung nachweislich bei der Post beschädigt worden ist.

### 2. Die Rechtslage in den übrigen Postdiensten

Mitverursachung des Schadens durch den Geschädigten beeinflußt auch in anderen Postdiensten die Ersatzpflicht der Post. Das ergibt sich zwar nicht unmittelbar aus dem PostG. Da für die übrigen Postdienste ohnehin auf außerpostrechtliche Normenkomplexe verwiesen wird, kommen aber zugleich diejenigen Grundsätze zur Anwendung, nach denen dort die Mitwirkung des Geschädigten bei der Schadensentstehung zu behandeln ist. Konkret gesprochen bedeutet das im wesentlichen eine Übernahme des § 254 BGB in das Posthaftungsrecht außerhalb des Sachverkehrs. Denn diese Norm gehört sicherlich zu den „allgemeinen gesetzlichen Vorschriften über die Haftung des Schuldners für die Erfüllung seiner Verbindlichkeit". Sie schränkt ferner die „Schadensersatzpflicht des Fahrzeughalters"[12] ein, auf die für den Postreisedienst § 18 Bezug nimmt, ebenso die Ersatzpflicht des Dienstherrn für Amtspflichtverletzungen seiner Bediensteten[13]. Soweit sich die Haftung der Post nach Amtshaftungsrecht bestimmt, ist darüber hinaus zu beachten, daß § 839 III BGB eine besondere Form der Schadensmitverursachung durch den Geschädigten als Haftungsausschlußgrund heranzieht: die Rechtsmittelversäumnis[14]; ob diese Spezialregelung im Posthaftungsrecht allerdings zu großer Bedeutung gelangen wird, ist durchaus zweifelhaft[15].

Die Anwendung des § 254 BGB bringt es mit sich, daß außerhalb des Sachverkehrs eine Schadensmitverursachung durch den Geschädigten andere Rechtsfolgen nach sich zieht als die durch § 14 für den Sachverkehr normierten. Während § 14 allein auf die Mitverursachung abstellt, setzt § 254 BGB voraus, daß dem Geschädigten aus der Selbstschädigung ein Vorwurf gemacht werden kann: Diese Norm baut auf dem Schuldprinzip auf[16]. Außerdem läßt § 254 BGB die Ersatzpflicht nicht schlecht-

---
[11] Die Legaldefinition des Begriffs „unverzüglich" in § 121 I 1 BGB kann auch im Posthaftungsrecht Geltung beanspruchen.
[12] § 9 StVG verweist auf § 254 BGB.
[13] Ausführlich hierzu Soergel-Glaser, § 839 Rdnr. 213 ff.; ferner Bettermann, in: Die Grundrechte III, S. 838.
[14] Soergel-Glaser, § 839 Rdnr. 231.
[15] Schäden an Leben, Gesundheit und Eigentum des Reisenden (§ 18 I) sind schwerlich durch rechtzeitige Rechtsmitteleinlegung zu verhindern. Gegen die fehlerhafte Zustellung oder Protesterhebung (§ 16) gibt es wohl schlechthin kein Rechtsmittel; hier hilft lediglich eine erneute ordnungsgemäße Vornahme. Lediglich bei der schriftlichen Auskunft könnte § 839 III möglicherweise zum Zuge kommen, dazu unten § 14 II 3 d.
[16] Das ist de lege lata schwerlich zu bestreiten, so zutreffend Soergel - Reimer Schmidt, § 254 Rdnr. 10; zur Rechtfertigung vgl. Zeuner, JZ 1966, 1 ff.

hin entfallen, sondern bezweckt am Einzelfall orientierte Abstufungen, die von einer geringfügigen Minderung bis zum vollständigen Ausschluß reichen können.

### III. Verstoß gegen Benutzungsvorschriften

#### 1. Die Regelung im Sachverkehr

Es wurde bereits angedeutet, daß das PostG den Begriff der Mitverursachung offenbar anders verstanden wissen will als das allgemeine Schadensersatzrecht. Mitverursachung im Sinn des PostG meint vor allem den Fall, daß die beschädigte Sendung bei ihrer Einlieferung nicht den Vorschriften der Benutzungsordnung, der PostO, entsprach. Das wird aus § 14 I 2 deutlich, wonach die überwiegende Verursachung durch den Absender vermutet wird, wenn die Sendung nicht ordnungsgemäß eingeliefert worden ist.

Die gesetzliche Neuregelung der Folgen nicht ordnungsgemäßer Einlieferung wollte mit Bedacht von dem Rigorismus des alten Postgesetzes abrücken. Dort wurde Ersatz überhaupt nur „im Falle reglementsmäßiger Einlieferung" geschuldet (§ 6 I). Dieses Gesetz ging also von der Vorstellung aus, daß derjenige, der sich der Post gegenüber ins Unrecht gesetzt hat, damit die Möglichkeit verwirkt habe, Kompensation für Postunrecht zu verlangen. Das führte zu wenig sinnvollen Ergebnissen. So wurde für ein Paket, dessen Inhalt bei der Beförderung durch Diebstahl dezimiert worden war, kein Ersatz geleistet, weil es auch Zündhölzer enthielt, die als gefährliche Gegenstände von der Beförderung ausgeschlossen waren[17], obwohl die spezifische Gefährlichkeit von Zündhölzern sicher nicht darin besteht, Diebstähle zu begünstigen. Ausgehend von der Erkenntnis, daß es Benutzungsvorschriften gibt, deren Verletzung nur selten oder nie zu einem Schaden im Sinn des Postrechts (Verlust oder Beschädigung) führt[18], will das Gesetz nunmehr dem „Reglementsverstoß" nur noch dann ersatzausschließende Wirkung beilegen, wenn er für den Schaden ursächlich war. Das bedeutet: Nur wenn die Benutzungsvorschrift die Verhinderung von Schäden nach Art des eingetretenen bezweckt, führt ihre Mißachtung zum Wegfall des Ersatzanspruchs[19]. Auf diese Weise ist in der Tat der sachliche Zusammenhang

---

[17] LG Stettin Archiv PT 1923, 451 mit zustimmender Anm. *Neugebauer*.
[18] Zutreffend *Hellmich-Florian*, Jahrbuch des Postwesens XI (1961), S. 125 (Formen, Maße, Gewichte, Freimachungszwang).
[19] Damit ist die im bürgerlichen Schadensersatzrecht gegenwärtig ständig an Einfluß gewinnende Normzwecktheorie für das Postrecht rezipiert. Zu dieser Lehre vgl. den materialreichen Aufsatz von *Ulrich Huber*, Normzwecktheorie und Adäquanztheorie, JZ 1969, 677 ff.

## III. Verstoß gegen Benutzungsvorschriften

zur Mitverursachung hergestellt, so daß der Reglementsverstoß als deren Unterfall zu kennzeichnen ist.

Der grundsätzlich neue Ansatz des Gesetzes hat freilich nicht seinen adäquaten Ausdruck gefunden. Indem „die überwiegende Verursachung durch den Absender *vermutet* (wird), wenn die Sendung nicht ordnungsgemäß eingeliefert worden ist", scheint der „Reglementsverstoß" als Haftungsausschlußgrund wieder in seine alten Rechte eingesetzt. Denn es ist nicht ohne weiteres auszumachen, ob diese Vermutung widerlegt werden kann und — wenn das der Fall sein sollte —, durch welchen Tatsachenvortrag sich der Postbenutzer seinen Ersatzanspruch erhalten kann. Klarheit verschafft hier aber der Rückgriff auf die Entstehungsgeschichte der Vorschrift.

Im Regierungsentwurf war § 14 Absatz 1 folgendermaßen gefaßt: „Die Ersatzpflicht ... ist ausgeschlossen, wenn der Schaden ... durch den Absender verursacht worden ist. Dies gilt *besonders* dann, wenn der Schaden auf die nicht ordnungsgemäße Einlieferung der Sendung zurückzuführen ist". Ausweislich der Begründung sollte „die nicht ordnungsgemäße Einlieferung einer Sendung die Haftung nur dann (ausschließen), wenn zwischen der nicht ordnungsgemäßen Einlieferung und dem eingetretenen Schaden ein ursächlicher Zusammenhang besteht"[20]. Der Bundesrat, der die Ersatzverpflichtung der Post nur bei überwiegender Verursachung des Schadens durch den Postbenutzer entfallen lassen wollte, schlug eine andere Formulierung vor, die aber immer noch deutlich herausstellte, daß der Zweck der verletzten Benutzungsnorm über den Ausschluß des Schadensersatzes entscheiden sollte: „Die Ersatzpflicht ist ausgeschlossen, wenn der Schaden überwiegend durch den Absender verursacht ist. Die überwiegende Verursachung durch den Absender wird vermutet, wenn der Schaden auf die nicht ordnungsgemäße Einlieferung der Sendung zurückzuführen ist"[21]. Der Postausschuß begründete seine zum Gesetz gewordene Fassung damit, sie enthalte „eine aus grammatikalischen Gründen erforderliche Verbesserung des vom Bundesrat beschlossenen Abänderungsvorschlags"[22]. Das zeigt deutlich, daß der Postausschuß den sachlichen Gehalt der ursprünglichen Formulierung im Regierungsentwurf und im Änderungsvorschlag des Bundesrats beibehalten wollte.

Es verhält sich also nicht so, daß die Post sich mit dem bloßen Hinweis auf (irgendeine) Reglementswidrigkeit ihrer Haftung entledigen kann. Vielmehr muß sie dartun, daß dem Absender eine schadensbegünstigende Mißachtung der Benutzungsordnung anzulasten ist. Erst dann bewirkt

---
[20] RegE S. 19.
[21] RegE (Anhang) S. 29.
[22] Schriftlicher Bericht S. 6.

die Vermutung, daß der Absender seinerseits darlegen und beweisen muß, daß der Schaden auch ohne Reglementsverstoß eingetreten wäre.

### 2. Die Rechtslage in den übrigen Postdiensten

Verstöße gegen Benutzungsvorschriften haben in den übrigen Postdiensten nur geringe Auswirkung auf den Schadensersatzanspruch des Postbenutzers. Lediglich im Postscheckdienst stehen sie mit der Haftung der Post in sachlichem Zusammenhang: Die Verletzung der Pflicht zu sorgfältiger und sicherer Aufbewahrung von Postscheckformularen schließt nach § 10 IV PostSchO einen Ersatzanspruch des Postscheckteilnehmers aus oder mindert ihn, wenn sie für die Ausführung des gefälschten Auftrags ursächlich geworden ist[23]. Daß ein Wechsel, für den Protestauftrag erteilt worden ist, die von der PostO festgesetzte Höchstgrenze von 1 000 DM übersteigt, wird selten genug vorkommen[24]; jedenfalls ist das kein Freibrief für Amtspflichtverletzungen.

Eine gewisse Bedeutung könnte dem Problem allenfalls noch im Postreisedienst zukommen. Hier begegnet das Fahren ohne gültigen Fahrausweis als typischer Fall eines Verstoßes gegen Benutzungsvorschriften. Lange Zeit hindurch wurde die Ansicht vertreten, daß dem „Schwarzfahrer" kein Ersatz geschuldet sei, wenn er bei einem Unfall Verletzungen davontrage oder seine Sachen beschädigt würden[25]. Das neue PostG läßt für eine derartige Lösung keinen Raum. Die Gefährdungshaftung nach dem StVG greift auch dann ein, wenn ein Fahrgast sich bewußt und gewollt der Pflicht zur Zahlung des Fahrpreises entzogen hat: Ob eine „entgeltliche, geschäftsmäßige Beförderung" gegeben ist, welche § 8 a StVG zur Voraussetzung einer Insassenhaftung erklärt, beurteilt sich allein aus der Sicht dessen, der die Beförderungsleistung anbietet. Daß die Amtspflicht zu verkehrsgerechtem Fahren nur den Inhabern eines gültigen Fahrscheins gegenüber besteht, läßt sich schwerlich behaupten. Denn nicht die Zahlung des Fahrpreises, der Benutzungsgebühr, begründet das anstaltliche Benutzungsverhältnis, sondern umgekehrt löst die Inanspruchnahme des Postreisedienstes die Pflicht zur Zahlung der Benutzungsgebühr aus. Darum besteht auch eine Gläubiger-Schuldner-Beziehung zwischen Post und Schwarzfahrer, wie sie die dritte Normgruppe, die Schuldnerhaftung analog dem bürgerlichen Recht, voraussetzt[26].

---

[23] Vgl. oben § 9 IV 2.
[24] Ganz ausgeschlossen ist es nicht, wie die Entscheidung LG Lyk Archiv PT 1932, 88 zeigt.
[25] Vgl. vor allem *Niggl*, S. 331; *Hellmuth* DR 41, 2283; es fehlte nicht an Versuchen, dieses unbillige Ergebnis zu umgehen, etwa bei *Scholz*, S. 745 Anm. 27 a; *Aschenborn-Schneider*, Anm. B vor § 11 (S. 262), § 11 Anm. 9 (S. 273).
[26] Anders als die Inanspruchnahme eines privaten Beförderungsunternehmers setzt die Entstehung des postrechtlichen Benutzungsverhältnisses keinen Vertrag voraus; daher ist die Post unabhängig von irgendwelchen Willenserklärungen dem Postbenutzer gegenüber als Schuldner anzusehen.

# § 13 Enumerationsprinzip und genereller Haftungsausschluß

## I. Überblick

Die Haftungsvorschriften des PostG, deren System und Prinzipien den Gegenstand der bisherigen Ausführungen bildeten, bestimmen abschließend, bei welchen Pflichtverletzungen die Post Ansprüchen der Postbenutzer ausgesetzt ist: „Die Haftung der Deutschen Bundespost für Schäden, die durch die nicht ordnungsgemäße Ausführung ihrer Dienstleistungen entstehen, ist auf den Umfang beschränkt, der sich aus den Vorschriften dieses Gesetzes ergibt", heißt es in § 11 I PostG.

### 1. Rechtspolitische Begründung

Die Argumente, mit denen im Gesetzgebungsverfahren der generelle Haftungsausschluß gerechtfertigt wurde, hielten sich im Bannkreis des Herkömmlichen und dürften schwerlich als vollständige Auslotung der Problematik anzusehen sein.

Die Entscheidung des Gesetzgebers, die Leistungspflichten der Post zu wesentlichen Teilen ohne Sanktion zu lassen, wurde zunächst mit den besonderen Gefahren des postalischen Massenverkehrs begründet[1]. Dieses Argument beherrschte schon die Auslegung des alten PostG in Rechtsprechung und Literatur. Besonders der BGH machte die Entscheidung darüber, ob der generelle Haftungsausschluß zu beachten sei, davon abhängig, ob im einzelnen Schadensfall die „typischen Gefahren des Postverkehrs" sich verwirklicht hätten[2], und ließ die Post außerhalb dieses Gefahrenbereichs durchaus nach allgemeinem Staatshaftungsrecht haften.

Der Schluß von der nicht zu bestreitenden Gefahrensituation auf eine Haftungsbefreiung ist keinesfalls selbstverständlich. Vielmehr nahm der Gesetzgeber ein erhöhtes Schadensrisiko regelmäßig zum Anlaß, die Haftpflicht des Risikoträgers zu verschärfen: Gerade hier liegt die Quelle der deliktischen[3] wie der vertraglichen[4] Gefährdungshaftung. Daß das PostG die entgegengesetzte Tendenz verfolgt, indem es die aus der Betriebsgefahr resultierenden Schäden dem Geschädigten aufbürdet und auf diese Weise dessen allgemeines Schadensrisiko erweitert, wurde nicht gebührend hervorgehoben.

---
[1] Besonders deutlich Schriftlicher Bericht S. 5.
[2] BGHZ 12, 96/97; BGH MDR 1965, 466 = BB 1965, 350 = Archiv PF 1965, 716 m. Anm. *R. Schmidt*; ebenso HambOVG Archiv PF 1966, 225.
[3] z. B. § 833 BGB; §§ 1 ff. RHaftpflG; §§ 1 ff. SHaftpflG; §§ 7 ff. StVG; §§ 33 ff. LuftVG; § 22 WHG; §§ 25 ff. AtomG.
[4] Hier wäre die Haftung des Gastwirts für Verlust, Zerstörung oder Beschädigung eingebrachter Sachen zu nennen; für ihre Qualifizierung als Gefährdungshaftung BGHZ 32, 149 (150); *Staudinger-Nipperdey*, Rdnr. 6 vor § 701.

7 Loh

Des weiteren wurde der generelle Haftungsausschluß fiskalisch motiviert: „Weder die von der Öffentlichkeit erwartete schnelle Abwicklung des postalischen Massenverkehrs noch das gleichfalls im Interesse des öffentlichen Wohls liegende Bestreben, die Gebühren für die Inanspruchnahme der Postdienste so niedrig wie möglich zu halten, gestatten zeitraubende und kostspielige Überwachungs- und Sicherungsmaßnahmen, wie sie im Fall einer uneingeschränkten Haftpflicht der Postverwaltung für etwaige Betriebsversehen unvermeidlich wären". Auch das ist nicht so selbstverständlich und überzeugend, wie es auf den ersten Blick scheint. Es hätte den Gesetzesvätern, die den postrechtlichen Entscheidungen des BGH Rechnung zu tragen bemüht waren[5], zu denken geben sollen, daß gerade dieses Gericht bei der Prüfung von Allgemeinen Geschäftsbedingungen die dem Kunden gewährten Preisvorteile nicht genügen ließ, um einen unbilligen, weil zu weitgehenden Haftungsausschluß aufrechtzuerhalten: „Für die allgemeine Beurteilung unter dem Gesichtspunkt von Treu und Glauben kann es ... nicht entscheidend sein, daß ein weitgehender Ausschluß der Haftungsansprüche, insbesondere auch der Gewährleistungsansprüche des Käufers, sich für den Käufer insoweit günstig auswirken mag, als sich ein solcher Ausschluß in einem verbilligten Preis für die gekaufte Ware niederschlägt... Die Verkäufer müssen ihre Preise nach solchen Bedingungen kalkulieren, die sich mit den Geboten von Treu und Glauben vereinbaren lassen, und sie dürfen sich insoweit nicht über die Grenzen hinwegsetzen, die für den Rahmen des rechtlich Billigen und Vertretbaren gelten"[6]. Angesichts dieser starken Worte hätte es dem Gesetzgeber wohl angestanden, etwas ausführlicher zu begründen, daß im Postwesen die Relation zwischen dem Preis einer Leistung und dem Haftungsausschluß im Sinn eines Haftungsausschlusses ausgestaltet werden dürfe[7].

Schließlich wurde noch darauf hingewiesen, daß „eine Aufgabe des im deutschen Postrecht bisher geltenden Grundsatzes weitgehender Haftungseinschränkungen ... zu dem den Postbenutzern kaum verständli-

---

[5] Vgl. nur RegE S. 14 (zu § 7); S. 16 (zu §§ 11 bis 21); S. 21 (zu § 16).
[6] BGHZ 22, 90 (98); ausführlich zum Preisargument jetzt *Schmidt-Salzer*, Allgemeine Geschäftsbedingungen (NJW-Schriftenreihe 11), München 1971, Rdnr. 179 m. w. Nachw.
[7] Wenn es im RegE S. 17 heißt, für die getroffene Regelung falle „entscheidend ins Gewicht, daß der Postbenutzer stets die Möglichkeit hat, sich einer solchen Versendungsform zu bedienen, die ihn gegen Entrichtung einer entsprechend höheren Gebühr gegen Verluste und Beschädigungen absichert", so ist das nur ein Teilausschnitt der Problematik; denn auf die Haftung im Postreisedienst und in den Gelddiensten sind diese Erwägungen ersichtlich nicht anwendbar. Immerhin ist zu bemerken, daß auch die Rechtsprechung zum Recht der Allgemeinen Geschäftsbedingungen geneigt ist, bei Haftungsausschlüssen das Preisargument dann zu honorieren, wenn dem Vertragspartner die Möglichkeit geboten wird, sich einen weitergehenden Haftungsschutz durch Zahlung eines höheren Preises zu verschaffen, vgl. *Schmidt-Salzer* a.a.O.

I. Überblick 99

chen Ergebnis führen (würde), daß die Haftungsregelung im Weltpostverkehr und im innerstaatlichen deutschen Postverkehr völlig entgegengesetzte Züge tragen würde, ein Ergebnis, das auch im Widerspruch zu allen Bemühungen um die Entwicklung eines einheitlichen Postrechts auf europäischer Grundlage stehen würde".

### 2. Der rechtssystematische Standort

Die Normierung eines numerus clausus von Haftungsfällen verschafft dem Postrecht eine besondere Stellung innerhalb des deutschen Schadensersatzrechts. So ist der Umfang der Schadensersatzpflicht im bürgerlichen Recht, nicht anders als bei der Amtshaftung, grundsätzlich unbegrenzt, was aus dem Leitgedanken der Naturalrestitution folgt. Auch hinsichtlich der Begründung einer Schadensersatzpflicht ist das BGB vom Prinzip der Anspruchsenumeration weit entfernt. Bei vertraglichen und gesetzlichen Schuldverhältnissen macht jede verschuldete Leistungsstörung (Unmöglichkeit, Verzug, positive Forderungsverletzung) den Schuldner haftbar. Im Deliktsrecht verhält es sich ähnlich. Wenngleich das BGB keine umfassende Generalklausel hinsichtlich des Ersatzes rechtswidrig zugefügter Schäden enthält[8], so hat es doch drei weit gefaßte Grundtatbestände geschaffen, die zu einer Schadensersatzpflicht führen: die Verletzung von bestimmten Persönlichkeitsrechten und von absoluten Rechten (§ 823 I BGB), die Schutzgesetzverletzung (§ 823 II BGB) und die vorsätzliche sittenwidrige Schädigung (§ 826 BGB)[9]. Auch wenn damit sicherlich nicht alle Unrechtsschäden außerhalb schuldrechtlicher Sonderbeziehungen abgedeckt werden, so hat doch gerade die in Rechtsprechung und Lehre vollzogene Weiterentwicklung des Deliktsrechts für die nötige Offenheit des gesetzlichen Systems gegenüber praktischen Haftungsbedürfnissen gesorgt[10]. Im Bereich der öffentlich-rechtlichen Ersatzleistungen ist die Amtshaftung vollends ein offener Tatbestand: Jede schuldhafte Verletzung einer einem Dritten gegenüber obliegenden Amtspflicht, welcher Art sie auch sei, macht den Staat ersatzpflichtig[11]. Schließlich wäre es ganz abwegig, das im PostG verwirklichte Enumerationsprinzip mit der Gefährdungshaftung in Parallele setzen zu wollen. Zwar sind diese Normen ebenfalls durch eine Enume-

---

[8] Wie etwa im französischen Recht (art. 1382, 1383 code civil) oder im österreichischen Recht (§§ 1293 ff. ABGB).
[9] *Soergel-Zeuner*, Rdnr. 3 vor § 823 BGB.
[10] Hierzu *von Caemmerer*, Wandlungen des Deliktsrechts, in: Hundert Jahre Deutsches Rechtsleben, Festschrift zum 43. Deutschen Juristentag, Band II (1960), S. 49 ff.; *Soergel-Zeuner*, Rdnr. 7 ff. vor § 823 BGB.
[11] Daß diesen (auch) auf den Schutz des Dritten zielenden Amtspflichten andere gegenüberstehen, für deren Verletzung nicht gehaftet wird, ist freilich zuzugeben.

ration der Haftungstatbestände[12], durch Eingrenzung des Ersatzanspruchs auf bestimmte Schadensursachen[13] und Schadensarten[14] sowie durch summenmäßige Limitierung der Schadenshöhe[15] gekennzeichnet. Aber dieses rechtstechnische Instrumentarium steht im Dienst eines gänzlich anderen Zwecks: der Gewährung von Ersatzansprüchen über die Deliktsvorschriften des BGB hinaus, die neben der Gefährdungshaftung anwendbar bleiben. Demgegenüber dient das Enumerationsprinzip im PostG nur dazu, den grundsätzlichen Ausschluß jeglicher Haftung zu überwinden.

Der ausschließliche Vergleich mit den leges generales des Haftungsrechts würde jedoch die Haftung nach dem PostG in ein schiefes Licht rücken. Bei der Erörterung zur Haftung der Post im Sachverkehr wurde deutlich, daß das Gesetz hier auf dem gleichen Prinzip aufbaut wie zahlreiche Normen des Frachtrechts, die grundsätzlich die Haftung auf Verlust und Beschädigung des Frachtguts beschränken. Wenn schon der systematische Standort des Posthaftungsrechts innerhalb der Gesamtrechtsordnung zureichend bestimmt werden soll, wäre es erforderlich, für diesen Teilbereich im einzelnen aufzuzeigen, in welchen Fällen und unter welchen Voraussetzungen die frachtrechtlichen Normen den Ersatz auch weitergehender Schäden vorsehen, ferner ob und inwieweit sie die Haftung des Verfrachters ausschließlich regeln oder auch die Heranziehung anderer Anspruchsgrundlagen (etwa Delikt) gestatten[16]. An dieser Stelle muß ein schlichter Hinweis auf die Ähnlichkeit der gesetzlichen Regelungen genügen, um dem Anschein entgegenzutreten, die Schadensersatzregelung des PostG sei ganz und gar systemfremd.

Der Charakter des Unüblichen und Außergewöhnlichen verflüchtigt sich vollends, vergleicht man die Haftung im Postreisedienst und in den Bankdiensten mit der Haftung privater Unternehmer, die gleichartige Leistungen anbieten. Diese sind zwar den weiten Haftungsvorschriften des BGB unterworfen, haben sie jedoch durch allgemeine Geschäftsbedingungen teils modifiziert, teils ausgeschlossen. Gerade darum mußte § 23 PBefG, der das unmittelbare Vorbild für die Ausgestaltung der Haftung im Postreisedienst abgab, für die Aufrechterhaltung eines gewissen Haftungsminimums sorgen, das vertraglich nicht ausgeschlossen

---

[12] Zum Enumerationsprinzip bei der Gefährdungshaftung vgl. *Soergel-Zeuner*, Rdnr. 25 vor § 823 BGB.
[13] Eine Begrenzung des Einstandsbereichs fehlt lediglich bei § 33 LuftVG und bezüglich der Handlungshaftung nach § 22 Wasserhaushaltsgesetz (WHG).
[14] Reine Vermögensschäden werden nur im Fall des § 22 WHG ersetzt.
[15] So in § 7 a RHaftpflG; § 4 SHaftpflG; § 12 StVG; § 37 LuftVG; anders wiederum § 22 WHG.
[16] Hierzu umfassend *Helm*, insbes. S. 149 ff. (zu den Möglichkeiten erhöhter Haftung), S. 173 ff. (zur Konkurrenz mit vertraglichen Ansprüchen nach allgemeinem Schuldrecht), S. 228 ff. (zur Konkurrenz mit deliktischen Ansprüchen).

## II. Die Exklusivität der postgesetzlichen Haftungsregelung

werden darf[17]. Daß die Haftung der Post im Postscheckdienst stark vom Vorbild der Allgemeinen Geschäftsbedingungen der Banken beeinflußt war, ist in anderem Zusammenhang bereits erwähnt worden[18].

### II. Die Exklusivität der postgesetzlichen Haftungsregelung

Die gesetzgeberische Entscheidung für einen grundsätzlichen Haftungsausschluß ließe sich leicht unterlaufen, wenn unter Zuhilfenahme anderer Haftungsnormen der geschädigte Postbenutzer oder gar andere, am Postbenutzungsverhältnis nicht beteiligte Dritte — etwa der Empfänger eines Pakets oder einer Überweisung — von der Post den Ersatz derjenigen Schäden verlangen könnte, die im PostG ausdrücklich oder stillschweigend (durch Nichterwähnung) ausgeschlossen sind. § 11 I hat also noch die weitere Bedeutung, daß konkurrierende Ansprüche, insbesondere solche nach Art. 34 GG i. V. m. § 839 BGB, ausgeschlossen werden[19].

#### 1. Weiterreichende Anspruchsnormen

Als konkurrierende Ansprüche kämen vor allem die Amtshaftung und die Haftung wegen Forderungsverletzung in Betracht. Wenn die Post den benutzungsrechtlichen Anspruch auf Erfüllung der ihr nach dem PostG und den Benutzungsverordnungen obliegenden Leistungspflicht nicht, verspätet oder schlecht erfüllt, so wird dadurch ein Amtshaftungsanspruch nach Art. 34 GG i. V. m. § 839 BGB ausgelöst, sofern ein Verschulden der beteiligten Postbediensteten vorliegt. Denn die Post ist ein Träger öffentlicher Gewalt, da ihre Leistungsbeziehungen zum Postbenutzer den Regeln des öffentlichen Rechts unterstellt sind (arg. § 7). Die Pflicht aus dem Postbenutzungsverhältnis ist zugleich Amtspflicht; daß sie den Postbediensteten dem Postbenutzer gegenüber obliegt, versteht sich von selbst.

Eine Haftung wäre ferner dann anzunehmen, wenn es — wie das Bundesverwaltungsgericht einmal ausgeführt hat — einen „allgemeinen Grundsatz der deutschen Rechtsordnung" gibt, daß „jede rechtswidrige und schuldhafte Vereitelung eines — sei es im bürgerlichen, sei es im öffentlichen Recht begründeten — Erfüllungsanspruchs unabhängig von

---

[17] Über den Zusammenhang von § 23 PBefG und § 18 I vgl. oben § 10 II 2.
[18] Oben § 9 III 1.
[19] Solange die Tätigkeit der Post noch nicht als Ausübung öffentlicher Gewalt in den Formen des öffentlichen Rechts qualifiziert wurde, mußte die Spezialität der postrechtlichen Haftungsnormen gegen die allgemeinen deliktsrechtlichen Ansprüche nach §§ 823 ff. BGB verteidigt werden, vgl. RGZ 67, 182 (184); OLG Stuttgart DJZ 1903, 131.

einem auf Grund desselben Sachverhalts etwa bestehenden Anspruchs aus unerlaubter Handlung[20] zum Schadensersatz" verpflichte[21].

## 2. Ihr Verhältnis zum PostG

Daß diese Haftungsgrundsätze keine Anwendung finden sollen, hätte das Gesetz sehr einfach auf folgende Weise ausdrücken können: „Die Haftung der Deutschen Bundespost für Schäden, die durch die nicht ordnungsgemäße Ausführung ihrer Dienstleistungen entstehen, ist ausgeschlossen, soweit nicht in den Vorschriften dieses Gesetzes etwas anderes bestimmt ist"; oder noch kürzer: „Die Haftung der Post bestimmt sich ausschließlich nach den Vorschriften dieses Gesetzes." Statt dessen wählte es die gewundene Formulierung, die Haftung sei auf den Umfang beschränkt, der sich aus den Vorschriften des PostG ergebe. Das legt das Mißverständnis nahe, als verlange die gesetzliche Haftungsbeschränkung nur dort Beachtung, wo sich das PostG mit der Höhe der Ersatzanspruchs befasse, ihn entweder summenmäßig limitiert oder ausnahmsweise auf Null reduziert, wie etwa in § 12 I, § 12 IV, § 17, und als könnten im übrigen Schadensersatzansprüche dem Grunde nach und dann doch wohl auch der Höhe nach geltend gemacht werden. Die Unklarheit wird noch dadurch verstärkt, daß § 11 II eine überaus dunkle Aussage über das Verhältnis der postgesetzlichen Ersatzansprüche zur Amtshaftung enthält: „Soweit hiernach (sc. den Vorschriften des PostG) die Haftung der Deutschen Bundespost ausgeschlossen oder beschränkt ist, haftet sie auch für die Verletzung vom Amtspflichten ihrer Bediensteten nur nach Maßgabe dieser Vorschriften". Amtshaftung „nach Maßgabe" der postgesetzlichen Regelung: Das kann genaugenommen nur bedeuten, daß der Amtshaftungsanspruch nicht schlechthin ausgeschlossen ist, er jedoch dem Grund und der Höhe nach vom Bestehen eines Anspruchs nach den Vorschriften des PostG abhängt. Eine solche streng akzessorische Anspruchskonkurrenz wäre nicht nur eine recht sonderbare juristische Erscheinung, sondern auch praktisch keineswegs erfreulich. Solange bei den ordentlichen Gerichten teils das Amtsgericht, teils das Landgericht die Eingangsinstanz bilden, deren sachliche Zuständigkeit grundsätzlich

---

[20] Hiermit sind im Bereich des öffentlich-rechtlichen Schadensersatzrechts anscheinend die Staatshaftungsnormen gemeint.
[21] BVerwG DVBl. 1963, 678 im Anschluß an BVerwGE 13, 17 (21 f.); ebenso OVG Koblenz DVBl. 1964, 773; *Erichsen*, DÖV 1965, 159. *Erichsen* hält es ferner für möglich, daß ein Ersatzanspruch auch aus dem Gesichtspunkt des enteignungsgleichen Eingriffs hergeleitet werden kann. Ob das zutrifft, kann dahinstehen; denn auch dieser Anspruch, der übrigens nur eine Entschädigung, nicht jedoch einen vollen Schadensersatz gewähren würde, wird aus den gleichen Gründen durch die postgesetzliche Regelung verdrängt wie der Amtshaftungsanspruch und der Ersatzanspruch wegen Forderungsverletzung. Zur Forderungsverletzung im öffentlichen Recht vgl. nunmehr die gleichnamige Arbeit von *Papier*, Berlin 1970.

## II. Die Exklusivität der postgesetzlichen Haftungsregelung

nach dem Streitwert sich bestimmt, wäre bei Streitwerten unter DM 1 500,— häufig zweifelhaft, ob das Amtsgericht zu entscheiden hat oder das Landgericht, das für Amtshaftungsansprüche aller Art ohne Rücksicht auf den Streitwert zuständig ist (§ 72 II Nr. 2 GVG): Hierfür kommt es allein auf den Antrag und die tatsächlichen Behauptungen des klagenden Postbenutzers an[22]. Aber noch aus einem weit wichtigeren Grund kann der Vorschrift des § 11 II keinesfalls die Bedeutung beigelegt werden, daß erst durch sie die Amtshaftung ausgeschlossen oder auch nur limitiert sei. Denn das hätte notwendigerweise zur Konsequenz, daß es für die Haftung wegen Forderungsverletzung keine vergleichbare Ausschlußnorm gäbe — ein Ergebnis, welches mit Sicherheit nicht den Intentionen des Gesetzes entspräche.

Als Fazit der Erörterungen darf festgehalten werden, daß die Fassung des § 11 I, II verunglückt ist, was vermutlich darauf zurückzuführen ist, daß der Gesetzgeber vermeiden wollte, den grundsätzlichen Haftungsausschluß ausdrücklich herauszustellen, und statt dessen nach milder klingenden Formulierungen suchte. Immerhin lassen sich seine Absichten mit der Aussage des Gesetzeswortlauts noch auf einen gemeinsamen Nenner bringen, wenn man die Vorschriften sinnvoll interpretiert. Danach haftet die Post für die Verletzung ihrer Leistungspflichten nur, wenn und soweit das PostG dies ausdrücklich zuläßt; die Anwendung anderer Haftungsnormen neben der postgesetzlichen Regelung und über sie hinaus ist ausgeschlossen — das ist der recht verstandene Inhalt des § 11 Abs I[23]. Abs. II hat nur deklaratorische Bedeutung. Da die Erfahrung gezeigt hat, daß geschädigte Postkunden gerade unter Berufung auf die Amtshaftung den gesetzlichen Haftungsausschluß zu unterlaufen suchten, war es empfehlenswert, hier volle Klarheit zu schaffen und ein solches Vorgehen für unzulässig zu erklären. Doch ändert die Vorschrift des § 11 II nichts daran, daß dort, wo nicht kraft postgesetzlicher Verweisung die Amtshaftungsvorschriften anzuwenden sind, Amtshaftungsansprüche ausgeschlossen sind; die Annahme, sie bestünden neben den postgesetzlich zugelassenen Ersatzansprüchen bis zu deren Höhe, ist zu verwerfen. Sonst wäre auch die Verweisung auf die Amtshaftung in §§ 16 I, 18 I und 21 unverständlich, mindestens überflüssig.

### 3. Die verfassungsrechtliche Zulässigkeit des Haftungsausschlusses

Soweit der Ausschluß konkurrierender Ansprüche gegen die Post solche aus öffentlich-rechtlicher Forderungsverletzung tangiert, bestehen

---

[22] Vgl. BGHZ 16, 275 (281) m. w. Nachw.; *Thomas-Putzo*, ZPO, 5. Aufl., München 1971, § 71 GVG, Anm. 2.
[23] Jedenfalls ist nunmehr der jüngeren Rechtsprechung des BGH der Boden entzogen, daß auch im Bereich des Post- und Fernmeldewesens grundsätzlich die Staatshaftungsnormen zu beachten und nur dort unanwendbar seien, wo

gegen seine Zulässigkeit keine Bedenken: Wenn die Haftung für Forderungsverletzung nur auf einem allgemeinen Rechtsgrundsatz beruht, wie das Bundesverwaltungsgericht meint, so ist der Gesetzgeber allemal befugt, Sonderrecht zu normieren, das diesem Grundsatz kraft Spezialität vorgeht[24].

Anders verhält es sich beim Ausschluß der durch Art. 34 GG verfassungskräftig garantierten Haftung des Staats für Amtspflichtverletzungen seiner Bediensteten. Daß der Haftungsausschluß zugunsten der Post überhaupt zu einem verfassungsrechtlichen Problem werden konnte, liegt einzig daran, daß der Parlamentarische Rat sich bei der Regelung der Staatshaftung nicht von gleicher Gründlichkeit und Umsicht leiten ließ wie die Autoren des österreichischen Bundes-Verfassungsgesetzes. In Österreich ist zwar nicht anders als in der Bundesrepublik Deutschland die Staatshaftung verfassungskräftig verankert[25]. Aber die österreichische Verfassung enthält nicht nur einen allgemeinen Gesetzesvorbehalt; darüber hinaus heißt es in Art. 23 Abs. 5: „Ein Bundesgesetz kann auch bestimmen, inwieweit auf dem Gebiet des Post-, Telegraphen- und Fernsprechwesens von den in den Absätzen 1 bis 3 festgelegten Grundsätzen abweichende Sonderbestimmungen gelten".

*a) Stand der Meinungen*

Die Frage, ob Art. 34 GG in ähnlicher Weise unter Gesetzesvorbehalt steht und folglich die haftungsausschließenden Normen des vorkonstitutionellen Postrechts weitergelten, wurde, kaum daß sie auftauchte, von der Rechtsprechung sogleich bejaht[26]. Dem schloß sich die h. M. in der Literatur an[27]. Zur Begründung wurde ausgeführt, daß Art. 34 GG im wesentlichen die Regelung des Art. 131 der Weimarer Reichsverfassung übernommen habe, die nach damaliger Auffassung einen gesetz-

---

sie ausdrücklich und eindeutig ausgeschlossen seien, vgl. BGH MDR 1965, 466 = BB 1965, 350 = Archiv PF 1965, 716 m. Anm. *R. Schmidt*.
[24] Nimmt man dagegen mit *Papier*, Die Forderungsverletzung im öffentlichen Recht, Berlin 1970, insbes. S. 113 ff. an, daß auch die Haftung für die Verletzung relativer Forderungsrechte in Art. 34 GG verankert sei, würde sich die Frage der verfassungsrechtlichen Zulässigkeit in gleicher Weise stellen wie für den Ausschluß der Amtshaftungsvorschriften.
[25] Art. 23 Bundes-Verfassungsgesetz.
[26] BGH BB 1952, 302; OLG Celle NJW 1952, 1342 = Archiv PF 1953, 37.
[27] *v. Mangoldt*, GG, 1. Aufl., Berlin 1953, Art. 34 Anm. 2 (S. 216); *Laforet*, ÖV 1949, 221/222; *Dickertmann*, MDR 1950, 726; aus neuerer Zeit *Dagtoglou*, in: Bonner Kommentar, Art. 34 (Zweitbearbeitung) Rdnr. 34, 253 ff., 315 ff. mit ausführlichen Nachweisen zum Meinungsstand; *Wolff*, Verwaltungsrecht I, § 64 I a; *Frowein*, JZ 1964, 358 ff., 409 ff. — Gegen die h. M. *v. Mangoldt-Klein*, GG, 2. Aufl., Berlin 1957, Art. 34 Anm. II 8; *Maunz*, Deutsches Staatsrecht, 17. Aufl., München 1969, § 33 IV 3 h; *E. R. Huber*, Wirtschaftsverwaltungsrecht, 2. Aufl., Tübingen 1953, Band I, S. 506; *Bettermann*, in: Die Grundrechte III, S. 847 f.; *Benke*, BB 1951, 519/520.

## II. Die Exklusivität der postgesetzlichen Haftungsregelung

lichen Haftungsausschluß zuließ[28]. Dem wird entgegengehalten, daß Art. 131 Abs. 3 WRV einen ausdrücklichen Gesetzesvorbehalt normiert hatte, den Art. 34 GG nicht enthält.

Als weiteres Argument wird vorgebracht, Art. 34 GG spreche nur von einer grundsätzlichen Haftung, wolle Ausnahmen also nicht verbieten[29]. Freilich kann die Gegenansicht hier mit einer nicht minder plausiblen Interpretation des Worts „grundsätzlich" aufwarten: daß in besonderen Fällen statt des Dienstherrn des Amtsträgers diejenige juristische Person des öffentlichen Rechts hafte, deren Funktionen der Amtsträger gegenüber dem geschädigten Dritten wahrgenommen habe[30]. Für dieses staatsorganisationsrechtliche Verständnis der „Grundsätzlichkeit" ließe sich immerhin die Stellung des Art. 34 im Zweiten Abschnitt des Grundgesetzes ins Feld führen, der sich unter der Überschrift „Der Bund und die Länder" mit den grundlegenden Fragen des Staatsaufbaus befaßt.

### b) Lösungsgesichtspunkte

Da der gesetzliche Ausschluß der Staatshaftung nicht nur ein Problem des Posthaftungsrechts darstellt, sondern auch in anderen Bereichen anzutreffen ist[31], kann die Problematik der verfassungsrechtlichen Zulässigkeit im Rahmen dieser Arbeit nicht annähernd vollständig dargestellt werden[32]. Der Text beschränkt sich daher auf wenige kurze Bemerkungen zu den zwei Hauptargumenten der herrschenden Meinung. Die Zulässigkeit des Haftungsausschlusses mit dem Begriff „grundsätzlich" begründen zu wollen, dürfte am wenigsten überzeugen[33]. Auf das non liquet bei der Auslegung des Verfassungswortlauts wurde bereits hingewiesen. Es läßt sich auch nicht durch einen Rückgriff auf die Entstehungsgeschichte beseitigen. Erst durch einen Formulie-

---

[28] BGHZ 9, 289 (290 f.); ebenso HambOVG Archiv PF 1966, 228; BayVerfGH BB 1970, 598.
[29] BGHZ 9, 289 (290 f.); ferner etwa *Dagtoglou*, a.a.O. Rdnr. 34.
[30] *Bettermann*, a.a.O., S. 847; *Maunz* a.a.O.
[31] Ausführlich *Dagtoglou*, a.a.O. Rdnr. 320 ff.
[32] Eine umfassende Erörterung bietet die Arbeit von *Karl Richter*, Der Ausschluß der Staatshaftung nach Art. 34 GG, Diss. iur. München 1968.
[33] Kritisch gegen diesen Ansatzpunkt auch *Lerche*, JZ 1959, 676, dessen Lösung freilich ebensowenig zu überzeugen vermag. Er geht davon aus, daß Art. 34 GG zu seiner Anwendung der Transformation durch Vorschriften wie § 839 BGB bedarf und daß hier der Gesetzgeber freie Hand habe, die haftungsrechtliche Verantwortung des Amtsträgers entweder zu bejahen — wie in § 839 BGB — oder auszuschließen; wo die Haftung des Amtsträgers wegfalle, sei auch kein Raum für eine Staatshaftung. Selbst wenn das in dieser Allgemeinheit richtig wäre, ist dadurch für das Postrecht nichts gewonnen: Die Haftung des Postbediensteten ist nur bei Fahrlässigkeit ausgeschlossen; doch soll der generelle Haftungsausschluß des § 11 I auch bei vorsätzlicher Amtspflichtverletzung zum Zuge kommen.

rungsvorschlag des Allgemeinen Redaktionsausschusses ist das Wort „grundsätzlich" wieder in den Verfassungstext gelangt, ohne daß ersichtlich wäre, welchen Zweck diese Ergänzung verfolgen sollte[34]. Das Grundsätzlichkeits-Argument steht somit auf höchst unsicheren Fundamenten.

Am tragfähigsten scheint noch das historische Argument zu sein — jedenfalls für den Haftungsausschluß im Postrecht. 1949 dürfte die Auffassung, daß das Verhältnis der Post zu ihren Benutzern als öffentlich-rechtlich, eine Pflichtverletzung im Postbetrieb mithin als Amtspflichtverletzung zu qualifizieren sei, noch keineswegs in dem Maße juristisches Allgemeingut gewesen sein, wie das einige Jahre später aufgrund der Rechtsprechung des Bundesgerichtshofs dann der Fall war. Das gibt Anlaß, zu bezweifeln, daß die Posthaftung seinerzeit überhaupt als Fall der Staatshaftung im Sinn des Art. 34 GG erkannt worden ist. Freilich ist einzuräumen, daß angesichts des totalen Schweigens der Verfassungsmaterialien diese Überlegung der nötigen Basis entraten muß. Aber selbst wenn der Zusammenhang von Staatshaftung und Posthaftung schon damals communis opinio gewesen sein sollte, so stimmt das erst recht bedenklich: Daß eine praktisch ungemein wichtige, althergebrachte und in sich differenzierte Haftungsregelung wie die des Postrechts stillschweigend durch den Akt der Verfassunggebung außer Kraft gesetzt werden sollte, kann schwerlich angenommen werden[35]. Auch ohne Zuhilfenahme des Worts „grundsätzlich" darf also der Schutzbereich des Art. 34 GG dahin eingeschränkt werden, daß *jedenfalls* die überkommenen Haftungsbegrenzungen des Postrechts nicht beseitigt sind[36]. Inwieweit diese Auslegung der Verfassung dem Gesetzgeber gebietet, den bisherigen Umfang der Haftung im Postverkehr beizubehalten, kann auf sich beruhen: Das neue PostG hat die haftungsrechtliche Position des Postbenutzers nicht nur nicht verschlechtert, sondern in einigen Punkten entschieden verbessert[37].

---

[34] Vgl. *Matz*, in: v. Doemming-Füßlein-Matz, JöR n. F. Band 1, S. 327.

[35] So mit Recht HambOVG Archiv PF 1966, 228.

[36] Ob und inwieweit die anderen Fälle eines einfachgesetzlichen Haftungsausschlusses auf ähnliche Weise aufrechterhalten werden können, ist hier nicht zu erörtern.

[37] z. B. durch Verankerung der Inkassohaftung bei der Nachnahmesendung; Ersatz des vollen Werts bei Paketen bis zur Höhe von 500 DM statt der alten, am Gewicht der Sendung orientierten Ersatzberechnung; Haftung für schriftliche Auskünfte (§ 21).

# § 14 Die objektive Reichweite des generellen Haftungsausschlusses

## I. Die Notwendigkeit der Eingrenzung

Schäden, die die Post durch die nicht ordnungsgemäße Ausführung ihrer Dienstleistungen verursacht, sollen nach dem erklärten Willen des Gesetzes vom Geschädigten selbst getragen werden, soweit das PostG nichts Gegenteiliges bestimmt (§ 11 I). Bei aller gebotenen Reserve gegenüber einer Aufweichung dieser ebenso klaren wie harten Entscheidung ist doch der Anwendungsbereich des § 11 I sachgerecht zu begrenzen. Die Notwendigkeit eines solchen Vorgehens mag vorerst an einem Beispiel aufgezeigt werden. Wenn der Fahrer eines Postomnibusses durch unvorsichtiges Fahren einen Zusammenstoß herbeiführt, so sind die Dienstleistungen der Post sicherlich nicht ordnungsgemäß ausgeführt. Daraus nun ableiten zu wollen, daß etwa der Halter oder der Fahrer des angefahrenen Autos keinen Schadensersatz erhalten könne, weil ihre Ansprüche im PostG nicht berücksichtigt worden seien, wäre offenbarer Unsinn. Die Beispiele lassen sich beliebig vermehren.

Allerdings bereitet es nicht geringe Schwierigkeiten, diese zunächst nur vom Rechtsgefühl diktierte Entscheidung begrifflich und systematisch zu legitimieren. Die — freilich naheliegende — These, die Post müsse wie jeder andere Hoheitsträger sich zumindest deliktischer Schädigungen des Bürgers enthalten, hilft in dieser allgemeinen Form nicht weiter. Wäre sie richtig, müßte die Post z. B. für die Beraubung eines Päckchens durch einen Postbediensteten haften, was vom Gesetz aber gerade ausgeschlossen ist (§ 12 I).

## II. Bisherige Lösungsversuche

### 1. Haftung nur für „typische Gefahren des Postverkehrs"?

Es erscheint dagegen erörterungswert, die zum alten PostG vor allem vom BGH[1] entwickelte und von anderen Gerichten und der Literatur übernommene Lehre zurückzugreifen, daß der Haftungsausschluß nur dort gelte, wo sich typische Gefahren des Postverkehrs verwirklichten. Hier lag ganz offenbar die Auffassung zugrunde, daß der postalische Massenverkehr (Brief-, Paket-, Postscheck-, Postspar- und Geldübermittlungsdienst) haftungsrechtlich zu privilegieren sei, weil angesichts der Vielzahl der von der Post in diesen Diensten zu erbringenden Leistungen die Möglichkeit einer Leistungspflichtverletzung sich nicht aus-

---

[1] Grundlegend die schon mehrfach erwähnte Entscheidung BGHZ 12, 96.

schalten lasse, es sei denn durch komplizierte, die zügige Abwicklung des Postverkehrs hemmende Überwachungsmaßnahmen; dagegen müsse die Tätigkeit der Post dort, wo diese Gefahrenlage fehle — etwa im Postauftragsdienst — nach den gleichen Haftungsgrundsätzen beurteilt werden wie die eines beliebigen anderen Trägers öffentlicher Gewalt. Diese Ansicht vermag nicht voll zu überzeugen. Ihr ist zunächst entgegenzuhalten, daß der Bereich typischer Gefahrenlagen beliebig weit umschrieben werden und damit fast jeden für zweckmäßig erachteten Haftungsausschluß rechtfertigen kann. Ferner ist festzustellen, daß die Formel in dem eingangs erwähnten Beispiel des Zusammenstoßes eines Postomnibusses mit einem anderen Kraftfahrzeug ganz versagt. Hier haben sich doch sicherlich (auch) die typischen Gefahren des Postreisedienstes verwirklicht, ohne daß deshalb ein Haftungsausschluß ernsthaft in Erwägung zu ziehen wäre.

### 2. Das Kriterium der typisch postalischen Pflichten

Doch enthält die Lehre, wonach die Post nur für typische Gefahren des Postverkehrs privilegiert haften solle, bei richtiger Interpretation einen zutreffenden Gedanken, soweit mit der Typizität nicht die Art und die Umstände der Schädigung gemeint sind, sondern darauf abgestellt wird, ob der Schaden typischerweise (nur) von der Post verursacht werden kann oder auch von einem anderen Träger öffentlicher Gewalt, ob mit anderen Worten spezifisch postalische Pflichten verletzt sind. Dieser Gesichtspunkt wurde in der Rechtsprechung kumulativ neben dem Gefahrenargument herangezogen[2]. Wenn auch vieles dafür spricht, daß mit diesem Kriterium der Umfang des Haftungsausschlusses sich sachgerecht bestimmen ließe[3], so bleibt ein Bedenken gegen diesen Lösungsweg: Er geht nicht vom Gesetz aus. Angesichts der deutlichen Regelung des Haftungsausschlusses in § 11 I muß, bevor dieser Weg eingeschlagen wird, zunächst geprüft werden, ob nicht aus dem Gesetz Abgrenzungshinweise sich entwickeln lassen. Da dies möglich ist, wie sogleich zu zeigen sein wird, braucht auf das Kriterium der typisch postalischen Leistungen nicht weiter eingegangen zu werden.

### III. Das Kriterium der Dienstleistungspflicht

#### 1. Amtspflichten und Dienstleistungspflichten der Post

Jeder Versuch einer am PostG orientierten Eingrenzung des Haftungsausschlusses muß am Wortlaut des § 11 I ansetzen. Die Vorschrift erfaßt

---

[2] BGHZ a.a.O.; aus neuerer Zeit BGH NJW 1964, 41 = Archiv PF 1964, 85.
[3] Der Einwand von *Kämmerer-Eidenmüller*, § 11 PostG, Anm. 4, die Unterscheidung in typische und nichttypische Leistungen sei willkürlich, geht fehl. Im Gegenteil: Willkürlich wäre es, die Post für Pflichtverletzungen nicht haf-

nur die Schäden, die die Post „durch die nicht ordnungsgemäße Ausführung ihrer Dienstleistungen" verursacht hat, mithin solche Schäden, die aus der Verletzung ihrer sich aus dem Benutzungsverhältnis ergebenden Dienstleistungspflicht resultieren. Überall dort also, wo eine benutzungsrechtliche Leistungsbeziehung zwischen der Post und ihren Benutzern besteht, sind Pflichtverletzungen der Post nur nach Maßgabe des PostG durch Ersatzansprüche sanktioniert. Wenn die Verletzung der Dienstleistungspflicht zugleich den Tatbestand einer Amtspflichtverletzung erfüllt, ist dies unbeachtlich: Insoweit sind die §§ 12 ff. PostG leges speciales zum allgemeinen Amtshaftungsrecht, wie sich bei richtiger Interpretation auch aus § 11 II ergibt.

In der Umkehrung folgt daraus, daß überall dort, wo eine Amtspflichtverletzung vorliegt, ohne daß zugleich eine Dienstleistungspflicht verletzt ist, das Amtshaftungsrecht durch die Spezialregelung des PostG nicht verdrängt wird, sondern uneingeschränkt zur Anwendung kommt. Um auf das Beispiel des kollidierenden Postomnibusses zurückzukommen: Gegenüber dem geschädigten Kraftfahrer obliegt der Post keine Dienstleistungspflicht, wohl aber die allgemeine, jeden Träger öffentlicher Gewalt treffende Amtspflicht, Bürger bei Ausübung öffentlicher Gewalt nicht deliktisch zu schädigen. Da nach h. M. das Bestehen einer Amtspflicht auch nicht deswegen verneint werden kann, weil der Unfall sich bei Teilnahme am Straßenverkehr ereignet hat — auch die Teilnahme am Straßenverkehr kann Ausübung öffentlicher Gewalt sein[4] — hat der Kraftfahrer gegen die Post einen Anspruch auf Ersatz des Schadens, der ihm durch den vom Postomnibusfahrer verschuldeten Unfall entstanden ist, nach Art. 34 GG i. V. mit § 839 BGB.

Sicher wird sich nicht in allen Fällen die Entscheidung so leicht begründen lassen. Aber das indiziert keineswegs die Unbrauchbarkeit der vorgeschlagenen Eingrenzung, sondern ist allein darauf zurückzuführen, daß Inhalt und Umfang der postalischen Dienstleistungspflichten, ihr Beginn und ihr Ende, erst durch Auslegung des PostG und der einzelnen Benutzungsordnungen konkretisiert werden können. Im folgenden ist anhand ausgesuchter, für die Postpraxis bedeutsamer Fälle zu prüfen, ob die Unterscheidung von Amtspflichten und Dienstleistungspflichten sich auch in schwieriger gestalteten Rechtslagen bewährt.

#### 2. Konsequenzen der Unterscheidung

*a) Ersatzansprüche des Adressaten*

Die Behandlung von Ersatzbegehren des Adressaten dürfte bei der Entscheidung, ob die am Begriff der Dienstleistungspflicht orientierte

---
ten zu lassen, die ein anderer Träger öffentlicher Gewalt bei gleichgelagertem Sachverhalt zu vertreten hätte.

[4] Ständige Rspr., zuletzt ausführlich begründet in BGHZ 42, 176; speziell für den Postreisedienst schon früher BGHZ 20, 102.

Eingrenzung des Haftungsausschlusses berechtigt ist, den Ausschlag geben. Wenn sich hier herausstellen sollte, daß der Empfänger einer Sendung unter leichteren Voraussetzungen zu (höheren) Ersatzansprüchen gelangen könnte als der Absender, wenn und weil er sich auf die — unlimitierte — Amtshaftung berufen kann, ist dies ein sicheres Zeichen für die Unrichtigkeit der Lösung. Wenn schon der Absender (oder im Postscheckdienst der Auftraggeber) als der eigentliche Postbenutzer bei Pflichtverletzungen der Post nur insoweit ersatzberechtigt ist, als das PostG seine Haftungsinteressen anerkannt hat, so muß zwangsläufig die haftungsrechtliche Position des Adressaten, der gegen die Post keinen benutzungsrechtlichen Leistungsanspruch hat, erheblich schwächer sein. Jede Interpretation des § 11 I, die mit diesem Leitgedanken nicht zu vereinbaren ist, muß verworfen werden.

Auf den ersten Blick scheint die Unterscheidung von Dienstleistungspflichten und sonstigen Amtspflichten geradezu prädestiniert, dem Adressaten einer Sendung oder Überweisung weitgehende Ersatzmöglichkeiten einzuräumen. Die Dienstleistungspflicht besteht grundsätzlich nur gegenüber dem Absender oder Auftraggeber, so daß die ausschließliche Anwendbarkeit der postgesetzlichen Haftungsregeln nicht mit ihrer Spezialität im Verhältnis zur Amtshaftung erklärt werden könnte. Allein so verhält es sich nicht. Zunächst ist darauf hinzuweisen, daß eine Amtspflichtverletzung durchaus nicht leicht zu begründen ist: Die in den Benutzungsordnungen normierte Pflicht der Post zu ordnungsgemäßer Beförderung der Sendung oder zu ordnungsgemäßer Ausführung des Auftrags besteht ja gerade nicht gegenüber dem Adressaten, sondern nur gegenüber dem Postbenutzer, so daß der Adressat — mangels einer ihm gegenüber obliegenden Amtspflicht — aus der Nicht- oder Schlechterfüllung der Dienstleistungspflicht in der Regel keinen Amtshaftungsanspruch herleiten kann. Mag auch auf diese Weise sich ein großer Teil der Ersatzbegehren erledigen, so verbleiben doch Fälle, in denen die uneingeschränkte Anwendung der Amtshaftungsvorschriften zugunsten des Adressaten zu nicht angemessenen und mit der Konzeption des PostG nicht zu vereinbarenden Ergebnissen führt. Kommt z. B. der Beutel mit der für ein Großhandelsunternehmen bestimmten Tagespost abhanden und erleidet dieses dadurch Vermögenseinbußen[5], so bedarf es keiner großen juristischen Erfindungskraft, um eine Ersatzpflicht der Post zu begründen: Hier sei das durch § 823 I BGB geschützte Recht am eingerichteten und ausgeübten Gewerbebetrieb verletzt; da die Post (jedenfalls auch) die Amtspflicht habe, Bürger nicht deliktisch zu schädigen, müsse sie den von den Postbediensteten verschuldeten Schaden ersetzen.

---

[5] Der Firma entgehen Aufträge, es müssen Nachforschungen bei Kunden und Lieferanten angestellt werden, ob wichtige Geschäftsbriefe von ihnen dabei verloren gegangen seien etc.

### III. Das Kriterium der Dienstleistungspflicht

Daß eine solche Amtspflicht der Post besteht, soll nicht bestritten werden; auch ist nicht darüber zu handeln, ob das Recht am eingerichteten und ausgeübten Gewerbebetrieb in Fällen dieser Art überhaupt tatbestandlich beeinträchtigt ist[6]. Gleichwohl ist die Schlußfolgerung falsch. Auch wenn der Adressat benutzungsrechtlich nicht Gläubiger der von der Post zu erfüllenden Leistungspflicht ist, so ist er doch in das Benutzungsverhältnis als Dritter miteinbezogen: Ihm soll das Paket ausgehändigt, der Geldbetrag ausgezahlt oder gutgeschrieben werden. Diese Position als Destinatär der Dienstleistungspflicht rechtfertigt es, ihm gegenüber die Haftungsregelung des § 11 I wirken zu lassen: Wenn schon der Gläubiger der Dienstleistungspflicht Ersatz nur nach Maßgabe des PostG verlangen kann, so gilt dies erst recht für denjenigen, dem die Dienstleistung nur reflexweise zugutekommt. Soweit ein Schaden (auch oder ausschließlich) auf eine Dienstpflichtverletzung zurückzuführen ist, beurteilt sich die Ersatzberechtigung auch des Empfängers allein nach dem PostG; ein Rückgriff auf die Amtshaftung ist unzulässig. Da das Gesetz dem Adressaten außer in § 16 Ersatzansprüche nicht gewährt, läuft diese Interpretation auf einen totalen Haftungsausschluß hinaus.

Was nach dieser Einschränkung an Fällen übrig bleibt, bereitet keine Schwierigkeiten. Wo die Post in besondere Leistungsbeziehungen zum Adressaten tritt, etwa bei der Genehmigung, Sendungen beim Zustellpostamt regelmäßig abzuholen (§ 53 PostO), oder bei der Nachsendung auf Antrag des Empfängers (§ 58 PostO), sind die insoweit bestehenden Leistungspflichten[7] vom PostG ohne Sanktion gelassen, Schäden aus ihrer Verletzung daher vom Ersatz ausgeschlossen[8]. Für sonstige Amtspflichtverletzungen, die nicht zugleich Dienstleistungspflichtverletzungen sind, bleibt nicht mehr viel Raum. Ausgeschlossen sind sie aber nicht. Das mag an einem Beispiel illustriert werden. Läßt der Zusteller in der Wohnung des Empfängers ein Paket fallen, so richtet sich der Ersatz wegen Beschädigung des Paketinhalts ausschließlich nach den Vorschriften des PostG; danach erhält der Empfänger unter keinen Umständen Ersatz, auch wenn er exakt nachweisen könnte, daß er durch die Beschädigung des versandten Gegenstands eine Vermögenseinbuße erlitten habe. Zieht aber das hinunterfallende Paket Einrichtungsgegenstände des Empfängers in Mitleidenschaft, so muß die Post hierfür nach

---

[6] Wegen der Eingrenzungstendenz vgl. nur *Soergel-Zeuner*, § 823 Rdnr. 73 f.

[7] Es geht zu weit, wenn *Niggl*, S. 240 ff. behauptet, bei der Postbenutzung bestünden Leistungsverhältnisse nur zwischen Post und Absendern. Hat die Post einem Antrag auf Nachsendung stattgegeben, so ist sie doch wohl gehalten, die eingehenden Briefe und Pakete auch wirklich nachzusenden.

[8] So z. B. OLG Celle Archiv PF 1953, 37; LG III Berlin Archiv PT 1930, 178; zum Haftungsausschluß gegenüber dem Inhaber eines Postschließfachs LG Düsseldorf Postarchiv 1940, 335 m. Anm. *Schuster;* unrichtig und unklar BGH NJW 1961, 1715 = DÖV 1962, 153 = Archiv PF 1962, 97 m. krit. Anm. *R. Schmidt*.

Amtshaftungsgrundsätzen einstehen: Die Pflicht, das Eigentum des Adressaten nicht durch Unachtsamkeit zu beeinträchtigen, ist keine spezifisch postalische Dienstleistungspflicht.

### b) *Verweigerung der Postbenutzung*

Die Frage nach der Reichweite des generellen Haftungsausschlusses stellt sich auch dann, wenn die Zulassung zu einem Postdienst zu Unrecht versagt worden ist.

Eine Sendung wird mit der Begründung nicht zur Beförderung angenommen, ihr Äußeres oder ihr Inhalt verstoße gegen die PostO; eine Zeitung oder Zeitschrift wird nicht zur Beförderung als Postzeitungsgut zugelassen, weil die Zulassungsvoraussetzungen der Postzeitungsordnung nicht erfüllt seien.

Da auch die Nichtausführung einer Dienstleistung ein Fall der nicht ordnungsgemäßen Ausführung im Sinne des § 11 I ist, könnte man meinen, daß der Haftungsausschluß auch hier zu beachten sei: Die Ablehnung einer Sendung sei Ablehnung der Ausführung und damit, wenn und soweit eine Pflicht zur Annahme (§ 8 I) bestand, pflichtwidrige Nichtausführung. Doch ginge das zu weit. Die Dienstleistungspflichten, welche § 11 I meint, setzen, wie sich aus den nachfolgenden Haftungsvorschriften ergibt, ein konkretes Benutzungsverhältnis voraus; die Spezialregelung des PostG gilt nur für Fehler in der Abwicklung eines bereits (und noch) bestehenden Benutzungsverhältnisses. Schäden aus pflichtwidriger Nichtzulassung sind daher von der Post nach Amtshaftungsrecht zu ersetzen[9].

### c) *Fehler bei der Begründung des Benutzungsverhältnisses*

Die soeben entwickelte Abgrenzung, daß für Pflichtverletzungen vor Begründung eines Benutzungsverhältnisses Amtshaftungsrecht gilt, dagegen für Fehler bei der Abwicklung die postgesetzliche Regelung, versagt in dem Fall, daß der Postbedienstete sich bei der Begründung des Postbenutzungsverhältnisses pflichtwidrig verhalten hat. Das OLG Hamm[10] hält hier die postrechtlichen Spezialnormen für nicht einschlä-

---

[9] Gleicher Ansicht, aber ohne nähere Begründung, *Karl Wenger*, Die öffentliche Unternehmung, Wien 1969, S. 352; speziell für den Postzeitungsdienst *Kämmerer-Eidenmüller*, § 17 PostG, Anm. 3; *Kohl*, Die Postpraxis, 1969, 150; *Altmannsperger*, Die Postpraxis, 1969, 182 (mit anfechtbarer Wortinterpretation). Diese Haftung kann sehr wohl praktische Bedeutung erlangen: Der zunächst abgewiesene Verleger wird erst nach Rechtskraft des von ihm erstrittenen Verpflichtungsurteils zum Postzeitungsdienst zugelassen. Die erhöhten Kosten des Zeitungsvertriebs in der Zwischenzeit können als Schaden geltend gemacht werden. Dann wäre allenfalls noch zu prüfen, ob der Kläger wegen § 839 III BGB gehalten war, durch Antrag auf Erlaß einer einstweiligen Anordnung nach § 123 VwGO die vorläufige Zulassung zum Postzeitungsdienst zu betreiben.
[10] Archiv PF 1965, 720 mit insoweit kritischer Anm. *R. Schmidt*.

## III. Das Kriterium der Dienstleistungspflicht

gig: Bei der Einlieferung von eingeschriebenen Briefsendungen durch einen Selbstbucher war nicht ordnungsgemäß geprüft worden, ob die im Einlieferungsbuch verzeichneten Anschriften und Nummern der Sendungen mit den tatsächlich eingelieferten Stücken übereinstimmten; das ermöglichte dem Angestellten des Einlieferers die Unterschlagung von Sendungen. Die Problematik des Haftungsausschlusses — auch nach dem alten Postgesetz wurde nur für den Verlust von eingeschriebenen Briefsendungen gehaftet — tat das Gericht mit der Bemerkung ab, daß der Haftungsausschluß „sich nur auf den Verlust bereits bei der Post eingelieferter Sendungen" beziehe[11]. Diese Entscheidung, die vom BGH[12] insoweit nicht beanstandet wurde, ist nicht zu billigen. Mit ebensoviel Berechtigung könnte man sagen, daß ein Benutzungsverhältnis schon in dem Augenblick begründet werde, wenn der Bedienstete die Sendung zur Bearbeitung entgegennehme. Beide Argumentationen sind nicht überzeugend, weil sie in bloßer Begrifflichkeit verharren. Nur eine wertende Entscheidung vermag Aufschluß darüber zu geben, ob Pflichtverletzungen bei der Begründung eines Benutzungsverhältnisses sich noch im Vorfeld der Postbenutzung halten und daher der Haftungsregelung des PostG nicht unterliegen oder ob sie sachlich Fehlern bei der Abwicklung eines Benutzungsverhältnisses gleichstehen. Dabei ist vor allem zu bedenken, daß die hier in Betracht zu ziehenden Pflichtverletzungen bei betriebsbezogenen Handlungen begangen werden — im Fall des OLG Hamm beim Überprüfen der Sendungen. Nicht nur zeitlich, sondern auch verwaltungstechnisch steht daher die Begründung eines Benutzungsverhältnisses in so engem Zusammenhang mit seiner Abwicklung, daß es gerechtfertigt erscheint, die Post hier nur nach Maßgabe des PostG haften zu lassen.

Das Ergebnis läßt sich durch einen Vergleich mit dem allgemeinen Schuldrecht bestätigen. Unterläge das Postrecht den Normen des Privatrechts, so wären Fehler bei der Begründung des Benutzungsverhältnisses unzweifelhaft als culpa in contrahendo zu qualifizieren. Diese Rechtsfigur dient vor allem dazu, die zunächst nur dem Partner eines wirksam abgeschlossenen Vertrags geschuldeten Nebenleistungs- und Schutzpflichten in den vorvertraglichen Bereich zu verlagern, weil der mehr oder weniger zufällige Zeitpunkt des Vertragsabschlusses sich als willkürliche Zäsur bei der Haftung für die Erfüllung dieser Pflichten erwiesen hat[13]. Diese haftungserweiternde Funktion können die Grundsätze zur culpa in contrahendo freilich dort nicht entfalten, wo schon die vertraglichen Pflichten nur in Einzelfällen Haftungsschutz genießen:

---

[11] Sinnvoll hätte es heißen müssen: „Der Haftungsausschluß bezieht sich nur auf den Zeitraum nach Einlieferung der Sendung."
[12] NJW 1965, 962 = JZ 1965, 284 = Archiv PF 1965, 723 m. Anm. *R. Schmidt.*
[13] Vgl. *Esser*, Schuldrecht I, § 52 II 3.

Der Schutz des vorvertraglichen Rechtsverhältnisses kann nicht weiterreichen als der des ordnungsgemäß abgeschlossenen Vertrags.

### d) Die Haftung für falsche Auskunft

Die Regel, daß überall dort, wo eine Dienstleistungspflicht verletzt wird, § 11 I zu beachten ist, bestätigt § 21. Danach haftet die Post für Schäden, die durch die Erteilung unrichtiger schriftlicher Auskünfte entstehen, nach Amtshaftungsrecht. Unabhängig von der Frage, ob es einen allgemeinen Auskunftsanspruch als Vor- oder Nebenwirkung eines jeden öffentlich-rechtlichen Benutzungsverhältnisses gibt[14], hat der Benutzer jedenfalls einen Anspruch darauf, daß eine Auskunft, wenn sie erteilt wird, auch richtig ist. Die Verletzung dieses Anspruchs läßt sich unschwer unter Art. 34 GG/§ 839 BGB subsumieren. Doch führt der enge sachliche Zusammenhang der Auskunftserteilung mit dem Benutzungsverhältnis dazu, die dem Anspruch auf die richtige Auskunft korrespondierende Pflicht der Post als Dienstleistungspflicht anzusehen, deren Verletzung nur bei ausdrücklicher Normierung zu Ersatzansprüchen führen kann. In der Tat entsprach es der Auffassung zum alten Recht, daß auf Grund des generellen Haftungsausschlusses die Post für unrichtige Auskünfte, deren Befolgung sich für den Benutzer nachteilig auswirkte[15], keinen Schadensersatz schulde[16].

Das PostG hat die Position des Benutzers insoweit verbessert. Für Auskünfte, die ein Postbediensteter im Gang der täglichen Geschäfte „über den Schalter" erteilt, wird wie bisher nicht gehaftet. Das ist auch gerechtfertigt; denn die Post käme regelmäßig in größte Schwierigkeiten, wenn sie beweisen sollte, daß eine falsche Auskunft nicht erteilt wurde. Das Argument der Beweisnot schlägt aber bei schriftlich erteilten Auskünften nicht mehr durch. Da hier zudem vermutet werden darf, daß Auskunftsersuchen gründlich und ohne Zeitdruck geprüft worden sind, entfällt das Bedürfnis, die Post anders als die übrigen Verwaltungsbehörden gegen die Risiken abzuschirmen, die die Erteilung einer unrichtigen Auskunft mit sich bringt. Hier ist auch das Vertrauen des Postbenutzers in die Richtigkeit weitaus schützenswerter als bei einer rasch erteilten mündlichen Auskunft.

---

[14] *Wolff*, Verwaltungsrecht I, § 45 II a 3.
[15] Nur um solche Auskünfte geht es hier. Sollte eine Falschauskunft den Benutzer ausnahmsweise zum Nachteil der Post begünstigen, müßten die Grundsätze des allgemeinen Verwaltungsrechts über die Zusage herangezogen werden; vgl. dazu BVerwGE 3, 199; 26, 31; BVerwG JZ 1964, 687; *F. Mayer*, JZ 1964, 677; ausführlich *Pfander*, Die Zusage im öffentlichen Recht, Diss. jur. Hamburg 1968, insbesondere S. 291 ff.
[16] BGH Archiv PF 1965, 716 = MDR 1965, 466 = BB 1965, 350; *Hellmuth*, Archiv PT 1926, 165.

### III. Das Kriterium der Dienstleistungspflicht

Der Schutz, den der Postbenutzer sich durch Anforderung einer schriftlichen Auskunft verschaffen kann, würde freilich um seine Wirkung gebracht, wenn die Auskunft nicht oder nicht rechtzeitig erteilt wird. Nach dem sub b) Ausgeführten müßten hier die Amtshaftungsnormen vollen Umfangs durchgreifen, wobei dann freilich entscheidungserheblich wird, ob und unter welchen Voraussetzungen der Benutzer einen Auskunftsanspruch gegen die Post hat: Nur wenn ein solcher Anspruch besteht, kann seine Nichterfüllung als Amtspflichtverletzung qualifiziert werden. Die Frage des Auskunftsanspruchs gehört in den Problemkreis des Postbenutzungsrechts und kann hier daher nicht im einzelnen erörtert werden. Es genügt die Feststellung, daß, wenn ein solcher Anspruch besteht, die Verweigerung oder Verspätung der Auskunftserteilung zur Amtshaftung führt.

*e) Verletzung des Postgeheimnisses*

Die hier vertretene Eingrenzung des Haftungsausschlusses wird noch bei einem weiteren Problem akut. In der Literatur findet sich die Behauptung, der generelle Haftungsausschluß erstrecke sich nicht auf Verletzungen des Postgeheimnisses. So meint *Badura*[17], die postrechtlichen Haftungsvorschriften seien als Spezialregelungen zu den allgemeinen Haftungsbestimmungen ihrer Zweckbestimmung nach restriktiv auszulegen, auf typische Haftungsgefahren zu begrenzen; da die Verletzung des Postgeheimnisses eine typische Haftungsgefahr nicht realisiere, sei die Haftungsbeschränkung unbeachtlich[18]. Dem kann nicht zugestimmt werden. Die Post schuldet dem Benutzer nicht nur die Erbringung der gewünschten Leistung, sondern allen am Postverkehr beteiligten Personen die Vertraulichkeit der Postbenutzung (Art. 10 GG, §§ 5, 6 PostG). Die Verletzung des Postgeheimnisses[19] ist daher als Verletzung einer Dienstleistungspflicht anzusehen, so daß Schadensersatz nicht zu gewähren ist: Es fehlt die von § 11 I verlangte ausdrückliche Normierung einer Ersatzpflicht[20].

*f) Haftung wegen Verletzung der Verkehrssicherungspflicht*

Eine Frage von nicht zu unterschätzender praktischer Bedeutung ist abschließend zu erörtern: die Haftung der Post wegen Verletzung der

---

[17] Bonner Kommentar, Art. 10 (Zweitbearbeitung), Rdnr. 44.
[18] Die von ihm zur Unterstützung seiner Ansicht zitierte Entscheidung BGH BB 1952, 302 enthält keinerlei Ausführungen zu diesem Problem.
[19] Das Briefgeheimnis spielt in diesem Zusammenhang keine Rolle. Es schützt die Vertraulichkeit schriftlicher Mitteilungen, für deren Beförderung die Dienste der Post nicht in Anspruch genommen werden, *Badura* a.a.O. Rdnr. 28.
[20] Ablehnend auch BGH DVBl. 1968, 179 = Archiv PF 1968, 238 m. Anm. *R. Schmidt* (die Entscheidung ließ allerdings offen, ob in casu eine Verletzung des Postgeheimnisses vorgelegen habe).

Verkehrssicherungspflicht. Hier wäre der generelle Haftungsausschluß des § 11 I gänzlich unbeachtlich, wenn die h. M. zuträfe, daß derjenige, der Räume oder Grundstücke dem Verkehr zugänglich macht, für deren Verkehrssicherheit verantwortlich ist und bei schuldhafter Verletzung dieser Pflicht nach § 823 BGB zu haften hat, unabhängig davon, ob es sich um einen Träger öffentlicher Gewalt oder um eine Privatperson handelt[21]. Gehört nach h. M. die Verkehrssicherungspflicht dem Privatrecht an, da sie nicht ausschließlich von einem Träger öffentlicher Gewalt zu erfüllen sei, so fehlt es an einer systematischen Rechtfertigung, die Haftung für die Erfüllung dieser Pflicht den Beschränkungen des PostG zu unterwerfen, das allein die Verletzung der öffentlich-rechtlichen Pflichten der Post zum Gegenstand hat. Aber selbst wenn die schuldhafte Verletzung der Verkehrssicherungspflicht durch einen Träger öffentlicher Gewalt nicht zu einem Schadensersatzanspruch nach § 823 I BGB, sondern zur Amtshaftung führen sollte[22], bleibt die Pflicht der Post zum Schadensersatz vom Haftungsausschluß des § 11 I unberührt. Auch wenn die Verkehrssicherungspflicht als Amtspflicht verstanden wird, steht sie im Sach- und Geldverkehr mit den dort geschuldeten Beförderungsleistungen in keinem teleologischen oder funktionalen Zusammenhang. Ihre Verletzung ist also nicht zugleich Verletzung einer Dienstleistungspflicht; der Grundsatz des Vorrangs der Spezialnorm kommt nicht zum Tragen[23]. Nur im Postreisedienst erfaßt die gesetzliche Haftung auch Schäden aus Verletzung der Verkehrssicherungpflicht, wie oben dargelegt wurde[24]. Es bedarf keiner Begründung, daß hier der Haftungsrahmen des § 18 I nicht überschritten werden darf[25].

---

[21] So im Anschluß an RGZ 54, 53 (56 ff.) BGHZ 9, 373 (380 ff.). Dieses Urteil war grundlegend für die weitere Rspr. des BGH, vgl. BGHZ 12, 94 (speziell zur Verkehrssicherungspflicht der Post für die Sicherheit der Telegrafenanlagen); 14, 83 (85); 20, 57 (59); 21, 48; 24, 124 (130). — Gleicher Ansicht wie der BGH *Werner Weber*, VVDStRL 21, 160 f., 166. Außer dem genannten Urteil BGHZ 12, 94 für eine zivilrechtliche Haftung der Post in solchen Fällen OLG Köln NJW 1955, 106 = Archiv PF 1955, 394.
[22] *Wolff*, Verwaltungsrecht I, § 57 V b; *Bettermann*, VVDStRL 21, 241 f.; umfassende Erörterung bei *Jahn*, JuS 1965, 165 ff. mit weiteren Nachweisen zum Streitstand.
[23] Auf jeden Fall unrichtig daher AG Königsberg Postarchiv 1943, 198, das einem Postbenutzer schlechthin keinen Ersatzanspruch dafür zubilligte, daß er seine Kleidung bei Benutzung eines nicht hinreichend gesäuberten Schreibpults mit Tinte beschmutzte.
[24] § 10 II 1.
[25] Auch wenn die Verkehrssicherungspflicht dem Privatrecht zuzuordnen sein sollte, würde insoweit § 18 I als lex specialis vorgehen. BGHZ 9, 373 (388) konzediert, daß „durch entsprechende Gestaltung der Verwaltung im Rahmen der Organisationsgewalt" die Verkehrssicherungspflicht zu einer Amtspflicht gemacht werden könne; diese Voraussetzung dürfte schon deswegen erfüllt sein, weil das Gesetz das Verhältnis zwischen Post und Fahrgast rein öffentlich-rechtlich ausgestaltet hat. Daher fehlt es im Postreisedienst schon von Haus aus an einem konkurrierenden privatrechtlichen Ersatzanspruch.

## § 15 Die subjektive Reichweite des generellen Haftungsauschlusses

Zur Erfüllung ihrer Leistungspflichten aus dem Benutzungsverhältnis setzt die Post in erster Linie den umfänglichen Apparat ihrer Beamten, Angestellten und Arbeiter ein. Gerade aus deren Fehlverhalten resultieren die Pflichtverletzungen, für die die Post dem Benutzer haften soll. Damit stellt sich sogleich die Frage, ob und in welchem Umfang die Postbediensteten vom geschädigten Postbenutzer neben oder an Stelle der Post zum Ersatz herangezogen werden können. Aber Konkurrenzprobleme tauchen nicht nur im Verhältnis zwischen der Post und ihren Bediensteten auf, sondern ebenso im Verhältnis zu anderen Verkehrsträgern. Im Sachverkehr kann die Post ihre Betriebspflichten nicht allein durch Einsatz ihres Personals und ihrer Verwaltungsmittel erfüllen. Sie ist vielmehr auf die Deutsche Bundesbahn und andere Eisenbahnen des öffentlichen Verkehrs angewiesen, die für den Transport der Bahnpostwagen zu sorgen haben[1]. Zur Bewältigung des ständig wachsenden Luftpostverkehrs muß die Post — mangels eines eigenen Postflugdienstes — die Leistungen der Luftfahrtunternehmen in Anspruch nehmen[2]. Den Postverkehr zwischen den deutschen Nordseeinseln und dem Festland wickelt die Post mit Hilfe privater Schiffahrtsgesellschaften ab. Aber auch im Landverkehr werden private Beförderungsunternehmer in den Postverkehr eingeschaltet: in geringem Maß bei der Beförderung von Brief- und Paketbeuteln, wenn und soweit die Einrichtung einer posteigenen Verbindung nicht rentabel wäre, in stärkerem Maß im Postreisedienst.

Ob in den genannten Fällen außer dem PostG noch andere schadensersatzrechtliche Vorschriften anwendbar sind, wird für den geschädigten Postbenutzer vor allem dann von Interesse sein, wenn die postgesetzliche Haftungsregelung seine Ersatzansprüche ausgeschlossen oder limitiert hat. Das PostG befaßt sich nur mit einem Teilausschnitt der Konkurrenzproblematik und bestimmt in § 11 III, unter welchen Voraussetzungen ein Postbediensteter auf Schadensersatz haftet. Die Haftung „ge-

---

[1] Der Gesetzgeber beschränkte sich hier auf eine Rahmenregelung: § 4 I verpflichtet die Deutsche Bundespost, sich bei der Beförderung von Postsendungen der Einrichtungen der Deutschen Bundesbahn zu bedienen; nach § 4 II ist die Bundesbahn gehalten, ihre Anlagen und ihren Betrieb mit den Bedürfnissen der Post abzustimmen. Die Einzelheiten überläßt das Gesetz einer Vereinbarung der beiden Verkehrsträger.

[2] § 21 IV LuftVG i. d. F. vom 4. November 1968 bestimmt: „Luftfahrtunternehmen, die Fluglinienverkehr betreiben, haben auf Verlangen der Deutschen Bundespost mit jedem planmäßigen Flug Postsendungen gegen angemessene Vergütung zu befördern, welche die im Weltpostvertrag festgelegten Vergütungshöchstsätze nicht übersteigen darf."

charterter" Verkehrsunternehmer ist zum Teil in nichtpostrechtlichen Gesetzen besonders geregelt, zum Teil aber auch ohne Spezialregelung geblieben.

## I. Die Haftung der Postbediensteten nach § 839 BGB

Die größte praktische Relevanz kam seit jeher der Frage zu, ob neben oder anstelle der Post auch deren Bedienstete für Plichtverletzungen in Anspruch genommen werden können. Jahrzehnte hindurch wurde sie von Rechtsprechung[3] und Literatur[4] bejaht, so daß der Postbenutzer bemüht sein mußte, den Namen des schuldigen Postbediensteten herauszufinden. Solange und soweit er hierbei auf die Mitwirkung der Post angewiesen war, mußte er sich zuweilen damit abfinden, daß sie den fehlsam handelnden Bediensteten deckte und seinen Namen nicht preisgab[5]. Damit konnte sie diejenigen Bediensteten vor Schadensersatzansprüchen schützen, die nach ihrer Auffassung solchen Schutz verdienten. Um diese probate Lösung war es jedoch geschehen, als die Verwaltungsgerichte nach Einführung der verwaltungsgerichtlichen Generalklausel Klagen gegen die Post auf Benennung des Bediensteten stattgaben[6]. Nunmehr konnte die Konkurrenz der Ersatzansprüche in jedem einzelnen Schadensfall voll zum Tragen kommen, und der zunächst nur vereinzelt angemeldete Widerstand gegen die Belastung des Postbediensteten[7] fand zunehmend Unterstützung[8]. Das PostG beendete die Diskussion, indem es in § 11 III bestimmte: „Soweit die Haftung der Deutschen Bundespost durch dieses Gesetz ausgeschlossen oder beschränkt ist, stehen dem Benutzer ihrer Einrichtungen oder anderen Personen Schadensersatzansprüche gegen die beteiligten Bediensteten der Deutschen Bundespost nur zu, wenn diese die ihnen den Geschädigten gegenüber obliegenden Amtspflichten vorsätzlich verletzt haben".

Aus welchen Motiven die Haftung der Postbediensteten auf die vor-

---

[3] Vgl. etwa RG JW 1912, 1061; Archiv PT 1935, 105 m. Anm. *Schuster;* OLG Hamburg OLG 28, 317.
[4] *Aschenborn-Schneider,* Vor § 6 Anm. A 6 f (S. 173), Vor § 6 Anm. B (S. 197); *Niggl,* S. 274.
[5] OLG München SeuffA 69, 445 = Archiv PT 1924, 34; LG Oppeln Archiv PT 1934, 33; AG Oberndorf Archiv PT 1937, 204 und weitere Entscheidungen sanktionierten diese Praxis der Deutschen Reichspost, indem sie feststellten, diese könne als Hoheitsträger vor den ordentlichen Gerichten nicht auf Auskunftserteilung verklagt werden.
[6] OVG Münster JZ 1959, 672 m. Anm. *Lerche;* BVerwGE 10, 274 = JZ 1961, 706 m. Anm. *Lerche.*
[7] Aus frühester Zeit *Reichert,* AöR 25 (1910), 200 ff.; ders., JW 1913, 525; sodann *Reißig,* Jahrbuch des Postwesens VII (1956/57), S. 291 ff.
[8] OLG Frankfurt Archiv PF 1960, 88; LG Waldshut Archiv PF 1960, 90; OLG Hamburg (unveröffentlichtes) Urteil vom 19. Dezember 1968 — 10 U 46/68; *Lerche* in der Anm. zu OVG Münster; *Katholnigg,* DVBl. 1960, 471 (mit anfechtbarer Berufung auf das Sozialstaatsprinzip, das sich ebensogut für einen Anspruch des geschädigten Benutzers ins Feld führen läßt); *Jaenicke,* Haftung des Staates, S. 114 Anm. 161.

## I. Die Haftung der Postbediensteten nach § 839 BGB

sätzliche Amtspflichtverletzung beschränkt wurde, während doch Grundgesetz und Bundesbeamtengesetz den Rückgriff im Innenverhältnis bereits bei grober Fahrlässigkeit eröffnen, wird aus der Entstehungsgeschichte der Norm allerdings nicht deutlich. Die im Regierungsentwurf[9] zitierten Belege sind durchaus unergiebig[10]. Die Einbeziehung der groben Fahrlässigkeit hätte um so näher gelegen, als die Haftungsbefreiung des Bediensteten durch den Gedanken der risikobehafteten Arbeit gerechtfertigt wurde: Die Post sei unter Umständen im Rahmen ihrer beamtenrechtlichen Fürsorgepflicht[11] oder nach den vor allem in der Rechtsprechung des Bundesarbeitsgerichts[12] entwickelten, nicht nur im Fürsorgegedanken wurzelnden[13] arbeitsrechtlichen Grundsätzen über den Schadensausgleich bei gefahrengeneigter Arbeit verpflichtet, die in Anspruch genommenen Bediensteten von der Ersatzpflicht freizustellen, so daß die im Haftungsausschluß liegende Begünstigung der Post über § 839 BGB und den Freistellungsanspruch des Bediensteten beseitigt werden könnte; daher müsse die Haftung der Postbediensteten ebenfalls ausgeschlossen sein. Ob dieser Erwägung voll zuzustimmen ist, mag auf sich be-

---

[9] S. 17 zu § 11.
[10] OLG Frankfurt a.a.O. und LG Waldshut a.a.O. schlossen nur die Haftung für einfache Fahrlässigkeit aus. *Jaenicke* a.a.O. gibt für seine ohnehin nur beiläufige Bemerkung, der Haftungsausschluß zugunsten der Post sollte (!) auch dem Postbeamten zugute kommen, sofern er nicht vorsätzlich gehandelt habe, überhaupt keine Begründung. *Reißig* a.a.O. S. 303 meint allgemein, ein Unterschied zwischen leichter und grober Fahrlässigkeit sei nicht gerechtfertigt — angesichts des Art. 34 Satz 3 GG fürwahr eine erstaunliche These. Reißig geht denn auch nur von der im Bereich der Deutschen Bundespost geübten Praxis aus, auch gegen einen grob fahrlässig handelnden Bediensteten im allgemeinen nicht in vollem Umfang Rückgriff zu nehmen; doch ist das sicherlich keine hinlängliche Begründung dafür, den Postbediensteten im Außenverhältnis zum Postbenutzer von jeglicher Fahrlässigkeitshaftung freizustellen.
[11] In der Tat setzt sich auch im Beamtenrecht die Ansicht durch, daß bei gefahrengeneigter Arbeit eine Haftungsminderung oder ein Haftungsausschluß aus der Fürsorgepflicht des Dienstherrn abgeleitet werden könne, OVG Münster DÖV 1969, 214; grundsätzlich ebenso BayVGH DVBl. 1966, 151; *Fischbach*, Bundesbeamtengesetz, 3. Aufl., Köln 1964, § 78 Anm. B IV 4 b; *Achterberg*, DVBl. 1964, 605 ff. m. w. N.; *Weimar*, RiA 1969, 22 ff. Freilich ist dies noch keineswegs allgemein anerkannt. BVerwGE 19, 243 (249 ff.); 29, 127 (129); 34, 123 (130) enthielten sich einer Festlegung; sehr reserviert *Ule*, Beamtenrecht, Köln 1971, § 46 BRRG Anm. 4.
[12] Eine ausführliche Übersicht über die Entfaltung dieser Rechtsprechung geben *Gamillscheg-Hanau*, Die Haftung des Arbeitnehmers, Karlsruhe 1965, S. 5 ff., 126 ff.; dortselbst auch eine gründliche Auswertung der umfangreichen Literatur. Zum Ganzen ferner *Hueck-Nipperdey*, Lehrbuch des Arbeitsrechts I, 7. Aufl., Berlin 1963, S. 232 ff.
[13] Die h. M. im Arbeitsrecht begründet freilich die Haftungsfreistellung und Haftungsmilderung überwiegend mit dem Fürsorgegedanken, vgl. BAGE 5, 1 (8); BGHZ 16, 111 (116); 22, 109 (122); besonders deutlich BGH AP § 611 BGB Haftung des Arbeitnehmers Nr. 28; *Hueck-Nipperdey* a.a.O. S. 233; *Nikisch*, Arbeitsrecht I, 3. Aufl., Tübingen 1961, S. 305; kritisch hierzu *Gamillscheg-Hanau* a.a.O. S. 63 ff., die entscheidend auf das Betriebsrisiko des Arbeitgebers abstellen (a.a.O. S. 34 ff.); ebenso *Söllner*, Arbeitsrecht, 2. Aufl., Stuttgart 1971, S. 213.

ruhen: Keinesfalls trägt sie den weitgehenden Haftungsausschluß des § 11 III: Daß eine solche Freistellungspflicht auch noch bei grober Fahrlässigkeit in Betracht kommen solle, wird nämlich weder in der beamtenrechtlichen noch in der arbeitsrechtlichen Doktrin vertreten[14].

So bleibt der Eindruck, als sei der Gesetzgeber in der Tendenz, vom einzelnen Postbediensteten die drohende Schadensersatzpflicht bei leichtem Verschulden abzuwenden, durch die Beschränkung auf Vorsatz über das Ziel hinausgeschossen[15]. Diese Bedenken ändern allerdings nichts daran, daß § 11 III eine interessante Lösung haftungsrechtlicher Konkurrenzen darbietet, die möglicherweise auch auf andere Rechtsgebiete ausstrahlen kann. Es sei darauf hingewiesen, daß der BGH bereits 1962 entschied, ein in Allgemeinen Geschäftsbedingungen enthaltener und zum Vertragsinhalt gewordener Haftungsausschluß komme auch dem für die Schadensentstehung verantwortlichen Erfüllungsgehilfen des von der Haftung freigestellten Unternehmers zugute; ein Deliktsanspruch gegen jenen sei ebenfalls ausgeschlossen[16]. Ob dieses sachlich billigenswerte Ergebnis mit dem herkömmlichen Instrumentarium der zivilrechtlichen Dogmatik zu gewinnen war, darf durchaus bezweifelt werden[17]. Die Problematik ist mit der des Postrechts identisch: ob dem Geschädigten gestattet sein soll, sich bei dem einzelnen, fehlsam handelnden Beamten, Angestellten oder Arbeiter schadlos zu halten, wenn und weil ihm Ersatzansprüche gegen dessen Dienstherrn oder Arbeitgeber durch Gesetz oder Vertrag abgeschnitten sind. Die Entscheidung des PostG für eine umfassende Wirkung des Haftungsausschlusses oder der Haftungsbeschränkung läßt sich durchaus auf das bürgerliche Recht übertragen und könnte zu einer allmählichen Modifizierung des Prinzips der selbständig konkurrierenden Schadensersatzansprüche führen.

## II. Die Haftung anderer Verkehrsträger

### 1. Gesetzliche Regelungen

#### a) § 10 II Sachschäden — Haftpflichtgesetz

Das Reichsgericht mußte sich im Jahre 1918 mit der Frage befassen, ob dem Eigentümer von Postpaketen, die während der Beförderung des

---

[14] Die überwiegende Meinung im Arbeitsrecht läßt den Arbeitnehmer bei grober Fahrlässigkeit voll haften; BAGE a.a.O. S. 12; *Hueck-Nipperdey* a.a.O. S. 234; *Nikisch* a.a.O. S. 306; *Gamillscheg-Hanau* a.a.O. S. 52 m. w. Nachw. in Anm. 199. Unrichtig daher *Kämmerer-Eidenmüller*, § 11 PostG Anm. 5.
[15] Kritisch auch *Dagtoglou*, in: Bonner Kommentar, Art. 34 GG (Zweitbearbeitung), Rdnr. 317 f.
[16] BGH JZ 1962, 570; zustimmend *Esser*, Schuldrecht I, 4. Aufl., Karlsruhe 1970, § 54 II; vgl. zum Ganzen *Gamillscheg*, Die Haftung des Arbeitnehmers gegenüber Dritten, in: Ius privatum gentium (Festschr. f. Rheinstein), Band II, Tübingen 1969, S. 1043 ff.
[17] *Gernhuber*, Gläubiger, Schuldner und Dritte, JZ 1962, 553.

## II. Die Haftung anderer Verkehrsträger

Bahnpostwagens auf einer preußischen Eisenbahnstrecke durch einen beim Zusammenstoß zweier Züge entstandenen Brand vernichtet worden waren, ein außervertraglicher Schadensersatzanspruch gegen den preußischen Eisenbahnfiskus zustand[18]. Die bejahende Antwort des Reichsgerichts hatte für die geschädigten Postbenutzer die erfreuliche Folge, daß ihr Schaden, soweit er die Haftungsgrenzen des alten PostG überstieg, nunmehr von der Eisenbahn auf Grund der im preußischen Gesetz über die Eisenbahn-Unternehmungen[19] verankerten Gefährdungshaftung ersetzt werden mußte. Diese Haftungskumulation endete erst, als die Gefährdungshaftung der Eisenbahnen für Sachschäden reichsrechtlich geregelt wurde. § 10 II des Gesetzes über die Haftpflicht der Eisenbahnen und Straßenbahnen für Sachschäden[20], welches mit fast siebzigjähriger Verspätung die notwendige Ergänzung des Reichshaftpflichtgesetzes[21] brachte, bestimmt ausdrücklich: „Das Gesetz findet auch keine Anwendung auf die Beschädigung von Sendungen, die dritte Personen bei der Reichspost aufgeben und die von der Eisenbahn oder der Straßenbahn befördert werden". Das Motiv dieser Regelung dürfte auf der Hand liegen: Der Postbenutzer, der sich mit einem limitierten Schadensersatzanspruch begnügen muß, wenn er eine Sendung mit der Post befördern läßt, soll nicht von dem höchst zufälligen Umstand, daß der Schaden beim Betrieb einer Eisenbahn eingetreten ist, profitieren[22].

### b) § 52 Luftverkehrsgesetz

Eine sachlich gleichlautende Vorschrift wurde 1943 als § 29 i in das Luftverkehrsgesetz von 1922/1936 aufgenommen[23]. Heute bestimmt § 52 LuftVG[24]: „Werden Sendungen, die bei der Bundespost aufgegeben werden, im Luftfahrzeug befördert, so bestimmt sich die Haftung ausschließlich nach den postrechtlichen Vorschriften".

### 2. Gesetzlich nicht geregelte Fälle

Die genannten Vorschriften beziehen sich lediglich auf die Gefährdungshaftung der Eisenbahnen und Luftfahrtunternehmen, nicht dagegen auf deren deliktische Haftung. Ob sie ebenfalls durch das PostG verdrängt wird, fragt sich nicht nur für diese Verkehrsträger, sondern ganz allgemein im See- und Landfrachtrecht, sowie bei der Personenbeförderung im Postreisedienst.

---

[18] RGZ 92, 8.
[19] vom 3. November 1838 (prGS S. 505).
[20] vom 29. April 1940 (RGBl. I S. 691).
[21] vom 7. Juni 1871 (RGBl. S. 207).
[22] Vgl. *Koffka*, Die Haftung der Eisenbahn für Sachschäden, DJ 1940, 539, dessen Ausführungen einer amtlichen Begründung gleichzuachten sein dürften.
[23] Durch das Vierte Gesetz zur Änderung des Luftverkehrsgesetzes vom 26. Januar 1943 (RGBl. I S. 69).
[24] i. d. F. vom 4. November 1968 (BGBl. I S. 1113).

## a) Die Rechtslage im Frachtrecht

Das HGB enthält keine Regelung des Konkurrenzproblems. Zwar bestimmt § 663 b, daß die Vorschriften über den Seefrachtvertrag „auf die Beförderung von Gütern zur See durch die Reichspost" keine Anwendung finden. Damit ist aber nur der Fall angesprochen, daß die Beförderung auf posteigenen Schiffen erfolgt[25] — ähnlich wie § 452 HGB die Beförderung mit posteigenen Fahrzeugen aus dem Geltungsbereich des Landfrachtrechts ausschließt[26]. Ebensowenig kann eine Analogie zu § 10 II SHaftpflG und § 52 LuftVG Abhilfe schaffen: Was für die verschuldensunabhängige Gefährdungshaftung angemessen ist, muß noch keineswegs für fahrlässige oder gar vorsätzliche Eigentumsverletzungen gelten.

Gleichwohl unterliegt eine Deliktshaftung des Verfrachters[27] oder seiner Bediensteten stärksten Bedenken. Es gibt keinen vernünftigen Grund, den Absender nur deswegen besser zu stellen, weil die Post die verlorengegangene oder beschädigte Sendung nicht mit ihren eigenen Kraftfahrzeugen befördert, sondern sie einem beauftragten Fuhrunternehmer übergibt. Eine über den Rahmen des PostG hinausreichende Haftung wäre hier allein von der innerbetrieblichen Organisation der Postleitwege abhängig: ein deutliches Argument für die Sinnwidrigkeit einer selbständigen und weiterreichenden Haftung des Unternehmers. Aber auch dort, wo die Post sich anderer Verkehrsträger bedienen muß und es nicht in ihrer Wahl steht, die ihr anvertrauten Sendungen in eigener Regie zu befördern, wäre es willkürlich, diesen mehr oder weniger zufälligen Umstand dem Absender zugutekommen zu lassen: Daß eine Sendung nicht mehr allein mit Postkraftfahrzeugen befördert werden kann, ist kein hinreichender Anlaß, sein Haftungsinteresse über den Rahmen des PostG hinaus zu schützen. Mit Recht hat daher die Entscheidung des Hanseatischen Oberlandesgerichts Hamburg[28] Widerspruch gefunden, das für das Seefrachtrecht einen selbständigen deliktischen Anspruch des Postbenutzers gegen den Verfrachter bejahte[29].

---

[25] *Liesecke*, in: Schlegelberger-Liesecke, Seehandelsrecht, 2. Aufl., Berlin 1964, § 663 b HGB Rdnr. 3; *Schaps-Abraham*, Das deutsche Seerecht, Band II, 3. Aufl., Berlin 1962, § 663 b HGB Anm. 3; *Prüssmann*, Seehandelsrecht, München 1968, § 663 b HGB Anm. A. Insofern ist die Behauptung von *Abraham* in: Schleicher-Reymann-Abraham, Das deutsche Luftrecht, 2. Band, 3. Aufl., Köln 1966, S. 260, § 52 LuftVG entspreche sachlich den §§ 452 Satz 2 und 663 b HGB, nicht zutreffend.
[26] *Schlegelberger-Geßler*, HGB, Band IV, 4. Aufl., Berlin 1966, § 452 Rdnr. 1; *Ratz* in RGRK-HGB, Band V, 2. Aufl., Berlin 1960, § 452 Anm. 1.
[27] In Betracht kommt hier vor allem § 831 BGB. Der Fall, daß dem Verfrachter ein für die Schadensentstehung ursächliches und einen Anspruch nach § 823 Abs. 1 BGB begründendes Organisationsverschulden vorgeworfen werden kann, dürfte kaum anzutreffen sein.
[28] HansRGZ 1928 B 339 (Nr. 151) = Archiv PT 1928, 243.
[29] Die vorgenannte Entscheidung wird nur gebilligt von *Schaps-Abraham* a.a.O.; ablehnend *Liesecke* a.a.O. Rdnr. 4; *Prüssmann* a.a.O. Anm. B. Allgemein

## II. Die Haftung anderer Verkehrsträger

Eine Anspruchskonkurrenz ist demnach nur in dem Maß zu billigen, in dem das PostG sie in einem vergleichbaren Fall zugelassen hat: Wie bei vorsätzlicher Amtspflichtverletzung der Anspruch gegen den Postbediensteten von der postgesetzlichen Haftungsregelung unberührt bleibt, so müssen auch deliktische Ansprüche gegen den „gecharterten" Beförderungsunternehmer und seine Verrichtungsgehilfen vom vorsätzlich geschädigten Eigentümer geltend gemacht werden können.

### b) Die Rechtslage bei der Personenbeförderung

Das Argument, der Postbenutzer solle nicht davon profitieren, daß die Post sich zur Erfüllung ihrer Leistungspflichten privater Unternehmer bedient, gilt mutatis mutandis auch für die Personenbeförderung im Postreisedienst. Hier gibt es sogar ein zusätzliches Indiz für seine Richtigkeit. Hätte der Beförderungsunternehmer mit dem Reisenden in eigenem Namen einen Vertrag abgeschlossen, so wäre er diesem gegenüber auf Grund des vertraglichen Haftungsausschlusses nur begrenzt haftpflichtig. Denn § 14 der Verordnung über allgemeine Beförderungsbedingungen, die der Unternehmer dem Beförderungsvertrag zugrunde legen muß[30], bestimmt: „Der Unternehmer haftet für die Tötung oder Verletzung eines Fahrgastes und für Schäden an Sachen, die der Fahrgast an sich trägt oder mit sich führt, nach den allgemein geltenden Bestimmungen, jedoch für Sachschäden gegenüber jeder beförderten Person nur bis zum Höchstbetrag von 1 000,— DM". Es ist durch nichts zu rechtfertigen, dem Reisenden nur deswegen weitergehende Ersatzansprüche zuzubilligen, weil er nicht mit dem Unternehmer kontrahiert hat, sondern Benutzer des Postreisedienstes ist.

Deliktische Ansprüche gegen Bedienstete des gecharterten Beförderungsunternehmers sind außer bei vorsätzlicher Schädigung ebenfalls ausgeschlossen; eine analoge Anwendung des § 11 III ist hier geradezu unabweisbar.

---

zum Problem der Konkurrenz von frachtrechtlichem und deliktischem Ersatzanspruch *Helm*, S. 316 ff.
[30] Vgl. oben § 10 II 2.

*Vierter Teil*

## Zusammenfassung

Die Erörterungen im Zweiten und Dritten Teil der Arbeit haben ergeben, daß die Haftung des Staats im Postwesen von der Haftung des Staats für rechtswidriges Verhalten seiner übrigen Amtsträger erheblich differiert.

Das gilt in erster Linie für den Kernbereich der von der Post wahrzunehmenden Aufgaben, den Postverkehr im weitesten Sinn des Worts: den Sach-, Geld- und Personenverkehr. Die Haftung knüpft hier nicht mehr an die Amtspflichtverletzung, sondern an bestimmte, für den Postbenutzer nachteilige Unrechtsfolgen an: den Verlust oder die Beschädigung der Sendung, die Nichtauszahlung eines eingezahlten Geldbetrags, die Verletzung des Reisenden. Die Posthaftung ist also in ihren wesentlichen Teilen Erfolgshaftung, nicht auch Verhaltenshaftung, was seine deutlichste Konsequenz im Sachverkehr gefunden hat: in der gänzlichen Verschuldensunabhängigkeit der Haftung. Daß das Gesetz sich so intensiv am rechtswidrigen Erfolg orientiert, findet seine Erklärung in der schadensrechtlichen Besonderheit der Materie. Da eine Haftung der Post auf vollen Ersatz aller durch Verletzung ihrer Dienstleistungspflichten entstehenden Schäden aus fiskalischen wie aus verwaltungsorganisatorischen Gründen für untragbar und undurchführbar gehalten wurde, mußte der Gesetzgeber die Schadensrisiken, die dem Postbenutzer durch die Inanspruchnahme der Postdienste erwachsen, zumeist ihm selbst aufbürden. Das Haftungsinteresse des Benutzers wurde nur insoweit geschützt, als es einen besonderen Bezug zur Verantwortlichkeit der Post für einen ordnungsgemäßen Postbetrieb aufweist. Das erklärt die Beschränkung der Haftung im Postverkehr auf das Integritätsinteresse: Nur wenn und soweit der Postbenutzer seine Sendungen, sein Geld oder seine Person der Post anvertraut hat, besteht eine Ersatzpflicht, und nur solche Schäden sind ersatzfähig, die als ein Eingriff in dieses Erhaltungsinteresse anzusehen sind. Die für den jeweiligen Postdienst typische Beeinträchtigung des Integritätsinteresses findet sich im Gesetz als haftungsauslösender Unrechtserfolg wieder.

Das Integritätsinteresse ist freilich nicht mehr als eine Haftungsleitlinie. Bei der Durchführung dieses Prinzips begegnen insbesondere Haftungslimitierungen, etwa bei der Haftung für Pakete oder bei der Sach-

## Zusammenfassung

und Personenhaftung im Postreisedienst; zudem sind alle nicht nachzuweisenden Sendungen (gewöhnliche Briefe, Päckchen, Postgut) seinem Geltungsbereich entzogen, wofür sich allerdings eine hinreichende Erklärung finden ließ.

Die Ausrichtung der Haftung am rechtswidrigen Erfolg bringt es mit sich, daß die Posthaftung kein spezifisch öffentlich-rechtliches Gepräge trägt: Orientiert sich die Haftung nicht mehr primär an der Pflichtverletzung, so ist die Frage, ob der Schaden auf die Verletzung einer öffentlich-rechtlichen oder privatrechtlichen Pflicht zurückzuführen ist, irrelevant. Daher kann das Gesetz in gleicher Weise auf die Amtshaftungsnormen wie auf die bürgerlichrechtlichen Vorschriften über die Schuldnerhaftung verweisen. Mehr als instrumentale Bedeutung kommt der jeweiligen Heranziehung eines der beiden Normenkomplexe nicht zu; die Auswahl zwischen ihnen oder gar — wie im Postreisedienst — die Kumulation erfolgt ausschließlich nach Gesichtspunkten der Praktikabilität. Wie unergiebig es ist, die Posthaftung einem der beiden großen Rechtskreise zuzuordnen, zeigt sich nicht nur daran, daß die vergleichbare Haftungsregelung des alten Postgesetzes und seiner Nebengesetze ohne Textänderung noch angewendet werden konnte, als auch in der Rechtsprechung sich die Lehre von der öffentlich-rechtlichen Natur des Postbenutzungsverhältnisses durchgesetzt hatte. Sie zeigt sich ferner daran, daß — zum Teil bis in die Einzelheiten hinein — strukturelle Ähnlichkeiten mit vergleichbaren privatrechtlichen Haftungsnormen bestehen: hinsichtlich des Sachverkehrs mit frachtrechtlichen Vorschriften, hinsichtlich des Geld- und Personenverkehrs mit den in der Praxis geltenden Allgemeinen Geschäftsbedingungen der konkurrierenden Unternehmer (Banken, Sparkassen, Beförderungsunternehmer).

Nur außerhalb des Bereichs der Beförderungsleistungen wird noch auf die Pflichtverletzung abgestellt: bei der förmlichen Zustellung und der Wechselprotesterhebung im Postauftragsdienst und ganz allgemein bei der Auskunftserteilung. Bezeichnenderweise verweist das Gesetz insoweit allein auf das Amtshaftungsrecht, da hier die öffentlich-rechtliche Natur der Dienstleistungspflicht Berücksichtigung verlangt. Ein besonderes, dem Integritätsinteresse im Postverkehr vergleichbares Haftungsinteresse des Postbenutzers liegt den einschlägigen Normen nicht zugrunde, so daß die Ersatzpflicht der Post im Einzelfall recht weit gehen kann. Dem wirkt allein der Umstand entgegen, daß die sanktionierte Amtspflicht im Gesetz genauestens eingegrenzt ist.

Die bereits im Leitprinzip des Integritätsinteresses angelegte Haftungsbegrenzung hat das Gesetz noch dadurch verschärft, daß es alle Ersatzansprüche, die sachlich oder personell (hinsichtlich des Kreises der Anspruchsberechtigten) über den Rahmen des PostG hinausgehen, ausdrücklich ausgeschlossen hat. Bei einer Gesamtbetrachtung könnten die

Fälle, in denen die Post zum Ersatz verpflichtet ist, durchaus als bloße Ausnahmen vom generellen Haftungsausschluß angesehen werden. Jedenfalls wird häufig genug der Schaden, den ein Postbenutzer infolge nicht gehöriger Pflichterfüllung erleidet, nicht oder nur in geringem Umfang ersetzt; sein primäres Haftungsinteresse bleibt regelmäßig ungedeckt. Damit hat sich das Gesetz in Anlehnung an das bisherige Recht von der geläufigen Vorstellung losgesagt, jede zurechenbare Schädigung eines anderen — besonders im Rahmen konkreter Leistungsbeziehungen — verpflichte den Schädiger zum Ersatz. Vielmehr muß der Postbenutzer seinen Schaden nicht selten selbst tragen. Das ist nicht zu beanstanden, am allerwenigsten unter Berufung auf das Sozialstaatsprinzip. Das Postwesen ist heute in so starkem Maß Bestandteil der sozialen „ambiance" des einzelnen geworden, daß es eine reine Wertungsfrage ist, ob man ihm als dem Nutznießer dieser Dienste auch die Nachteile und Risiken der Postbenutzung aufbürdet oder ob die Post für die Schäden einstehen soll. Hier genießt der Gesetzgeber Entscheidungsfreiheit, von der er im Postgesetz durchaus auch im Interesse des Postbenutzers Gebrauch gemacht hat. Jedenfalls steht die Verfassung der Haftungsregelung des PostG nicht entgegen.

Rechtsdogmatisch interessant ist die subjektive Erstreckung des Haftungsausschlusses: Außer bei vorsätzlicher Schadenszufügung sind Ersatzansprüche gegen Postbedienstete ausdrücklich ausgeschlossen; andere in den Postverkehr eingeschaltete Verkehrsträger sind ebenso zu behandeln.

# Literaturverzeichnis

*Altmannsperger,* Hans Joachim: Das neue Gesetz über das Postwesen, Die Postpraxis 1969, 129 - 131; 145 - 147; 161 - 165; 177 - 184; 1970, 1 - 5.

*Aschenborn,* M. - *Schneider,* Karl: Das Gesetz über das Postwesen des Deutschen Reichs nebst den grundlegenden Bestimmungen über die Verfassung der Deutschen Reichspost, 2. Aufl., Berlin 1928

*Baumbach,* Adolf - *Hefermehl,* Wolfgang: Wechselgesetz und Scheckgesetz mit Nebengesetzen, 10. Aufl., München 1970

*Bettermann,* Karl August: Der Schutz der Grundrechte in der ordentlichen Gerichtsbarkeit, in: Die Grundrechte, Handbuch der Theorie und Praxis der Grundrechte, hrsg. von Karl August Bettermann, Hans Carl Nipperdey, Ulrich Scheuner, Dritter Band, 2. Halbband, Berlin 1959, S. 779 ff.
(zit.: *Bettermann,* in: Die Grundrechte III)

— Die Beweislast im Verwaltungsprozeß, Referat zum 46. Deutschen Juristentag, Band II, Teil E, S. 40 ff.

Bonner Kommentar: Kommentar zum Bonner Grundgesetz. Bearb. von H. J. Abraham u. a., Hamburg 1950 ff.

*Breithaupt:* Rechtsfolgen der Einlösung falscher und verfälschter Schecks, Archiv für Post und Telegraphie, 1930, 181 ff.

*Brüggemann, v. Godin* u. a.: Kommentar zum Handelsgesetzbuch. Früher hrsg. von Mitgliedern des Reichsgerichts. Fünfter Band (§§ 383 - 460) bearb. v. Ratz, 2. Aufl., Berlin 1960
(zit.: *Ratz* in RGRK-HGB)

*Dambach,* Otto - *von Grimm,* Ernst: Das Gesetz über das Postwesen des Deutschen Reichs vom 28. Oktober 1871, 6. Aufl., Berlin 1901 (mit Nachtrag von 1904)

*Erichsen,* Hans-Uwe: Zur Haftung der Bundespost, Die öffentliche Verwaltung 1965, 158 ff.

*Esser,* Josef: Schuldrecht Band I, Allgemeiner Teil, 4. Aufl., Karlsruhe 1970; Band II, Besonderer Teil, 4. Aufl., Karlsruhe 1971
(zit.: *Esser* Schuldrecht I, II)

*Florian,* Winfried - *Weigert,* Franz: Kommentar zur Postordnung, Teil I, §§ 1 - 38, Starnberg 1969
(zit.: *Florian-Weigert,* PostO)

*Fritz,* P.: Die Aushändigung von Postsendungen an Betrüger, Archiv für Post und Telegraphie 1937, 64 ff.

*Goltermann,* Erich - *Krien,* Erich: Eisenbahnverkehrsordnung vom 8. September 1938 nebst Ausführungsbestimmungen in den neuesten Fassungen (Loseblattwerk), 3. Aufl., Berlin 1961 ff.

*Hammer,* Karl-Heinrich - *Lassig,* Roland: Postordnung und ergänzende Vorschriften (Loseblattwerk), Berlin 1964 ff.

*Hellmich*, Franz Josef - *Florian*, Winfried: Gedanken über eine Neuordnung der Haftung für Postsendungen, Jahrbuch des Postwesens Band XI (1961), S. 98 ff.

*Hellmuth*, H.: System des deutschen Post-, Telegraphen- und Fernsprech-Verkehrsrechts im Grundriß, Nürnberg 1929

— Haftet die Deutsche Reichspost für falsche Auskunft? Archiv für Post und Telegraphie 1926, 165 ff.

*Helm*, Johann Georg: Haftung für Schäden an Frachtgütern. Studien zur Schadensersatzpflicht aus Frachtgeschäften und zur Konkurrenz vertraglicher und außervertraglicher Ersatzansprüche, Karlsruhe 1966
(zit.: *Helm*)

*Huber*, Ernst Rudolf: Wirtschaftsverwaltungsrecht, 2. Aufl., Tübingen, Band I 1953; Band II 1954

*Jacobi*, Ernst: Wechsel- und Scheckrecht unter Berücksichtigung des ausländischen Rechts, Berlin 1955
(zit.: *Jacobi*)

*Jaenicke*, Günther: Länderbericht Bundesrepublik Deutschland, in: Haftung des Staates für rechtswidriges Verhalten seiner Organe, S. 69 ff. (Band 44 der Beiträge zum ausländischen öffentlichen Recht und Völkerrecht), Köln - Berlin 1967

*Kämmerer*, Ludwig: Die Haftung des Staates im Weltpostverkehr, Jahrbuch des Postwesens Band VIII (1958), 93 ff.

— Die Rechtsnatur der Bundespost, Deutsches Verwaltungsblatt 1966, 357 ff.; 396 ff.

*Kämmerer*, Ludwig - *Eidenmüller*, Alfred: Post- und Fernmeldewesen (Der Wirtschaftskommentator, Teil C: Wirtschaftsrecht I, C IX b), Loseblattwerk, Frankfurt am Main, 1963 ff.

*Katholnigg*, Oskar: Der Haftungsausschluß der Post und die Haftung des Postbediensteten, Deutsches Verwaltungsblatt 1960, 471 ff.

*Kohl*, Walter: Die Grundsätze der Posthaftung, Die öffentliche Verwaltung 1968, 722 ff.

— Die Haftungsregelung im neuen Postgesetz, Die Postpraxis 1969, 148 - 152

*Larenz*, Karl: Methodenlehre der Rechtswissenschaft, 2. Aufl., Berlin, Heidelberg, New York 1969

*Lerche*, Peter: Anm. zum Urteil des OVG Münster vom 17. Februar 1959 — VII A 564/58 —, Juristenzeitung 1959, 674 ff.

— Anm. zum Urteil des Bundesverwaltungsgerichts vom 6. Mai 1960 — VII C 57.59 — Juristenzeitung 1961, 708 f.

*Nawiasky*, Hans: Deutsches und österreichisches Postrecht — Der Sachverkehr, Wien 1909

*Niggl*, A.: Deutsches Postrecht, 2. Aufl., Berlin 1931
(zit.: *Niggl*)

*Papier*, Hans-Jürgen: Die Forderungsverletzung im öffentlichen Recht, Berlin 1970 (Schriften zum öffentlichen Recht Band 136)

*Richter*, Karl: Der Ausschluß der Staatshaftung nach Art. 34 GG. Diss. iur. München 1968

*Rost*: Zurücknahme und Widerruf im Postscheckverkehr, Archiv für Post und Telegraphie 1932, 185 ff.

*Schlegelberger*, Franz: Handelsgesetzbuch, 4. Aufl., Berlin, Frankfurt am Main 1960 ff.
(zit.: *Schlegelberger* —... [*Bearb.*])
*Schlegelberger*, Franz - *Liesecke*, Rudolf: Seehandelsrecht, 2. Aufl., Berlin, Frankfurt am Main 1964
*Schneider*, Karl: 20 Jahre Postrecht — 1907 - 1927, Berlin 1928
(zit.: *Schneider*, Postrecht)
*Scholz*, Franz: Das Post-, Telegraphen- und Fernsprechrecht, in: Ehrenberg, Handbuch des gesamten Handelsrechts, 5. Band, II. Abteilung, Leipzig 1915, S. 575 ff.
(zit.: *Scholz*)
*Schuster*, Fritz: Postrechtspraxis, 3. Aufl., Goslar 1954
— Postrecht — Entscheidungen 1928 - 1954 (o. J.) Hamburg, Berlin, Bonn
(zit.: *Schuster*, Postrecht)
*Soergel-Siebert*: Bürgerliches Gesetzbuch mit Einführungsgesetz und Nebengesetzen. Kommentar, 10. Aufl., Stuttgart, Berlin, Köln, Mainz, 1969 ff.
(zit.: *Soergel-* ... [*Bearb.*])
*Staudinger*, J. v.: Kommentar zum Bürgerlichen Gesetzbuch mit Einführungsgesetz und Nebengesetzen, 11. Aufl., Berlin 1957 ff.
(zit.: *Staudinger-* ... [*Bearb.*])
*Wolff*, Hans J.: Verwaltungsrecht I, 8. Aufl., München 1971
(zit.: *Wolff*, Verwaltungsrecht I)

### Gesetzesmaterialien

Entwurf eines Gesetzes über das Postwesen (PostG). Bundestags-Drucksache V/3295
(zit.: *RegE*)
Schriftlicher Bericht des Postausschusses (21. Ausschuß) über den von der Bundesregierung eingebrachten Entwurf eines Gesetzes über das Postwesen (PostG). Bundestags-Drucksache V/4228
(zit.: *Schriftlicher Bericht*)

Printed by Libri Plureos GmbH
in Hamburg, Germany